결혼은 환상이고 부부는 현실이다

서로 사랑하라.
그러나 사랑으로 구속하지는 말라.
그보다도 그대들 혼과 혼의
두 언덕 사이에
출렁이는 바다를 놓아두라.
서로의 잔을 채워 주되
잔만을 마시지 말라.
서로의 빵을 주되
한쪽의 빵만을 먹지 말라.
함께 노래하고 춤추며 즐거워하되
서로는 혼자 있게 하라.

– 칼릴 지브란(결혼에 대하여)

부부가 되어 가는 과정

상담센터를 개원하고 얼마 되지 않았을 때 있었던 일이다.
어느 날 한 부부가 예약도 없이 불쑥 찾아왔다.
그런데 두 사람의 모습이 좀 이상했다.
남편은 화가 많이 나 있었고
아내는 눈물만 떨구며 고개를 숙이고 있었다.

나는 당황스러웠지만 잠시 숨을 고르고 나서 말문을 열었다.

"무엇 때문에 오셨는지요?"

남편은 한동안 깊은숨을 들이쉬더니 폭탄 같은 말을 던졌다.

"이 사람이요, 바람을 피웠습니다."

남편은 감정이 고조되었는지 이 한마디를 내뱉고는
말을 이어 가지 못했다. 잠시 감정도 추스르고 숨도 고르라고
기다려주니, 남편은 아내의 외도에 대해 얘기하면서
이런 것도 상담이 되느냐고 물었다.
그동안 아내는 계속 눈물만 보이다가
부끄러움과 수치심 때문인지 상담은 싫다고 말하면서
상담실을 나가려 했다. 이에 남편은 더욱 화가 난 듯
아내의 손을 낚아채 밖으로 나가 버렸다.
단 몇 분 동안 벌어진 상황인데 큰 폭풍이 지나간 것 같았다.

부모의 권유로 상담을 받게 된 다른 부부의 얘기다.
젊은 부부는 일주일에 한 번씩 상담을 받되,
상담센터에 오는 대신 내가 부부의 생활환경으로
찾아가기로 했다. 그렇게 매주 일정한 시간에
찾아가는 상담이 이어졌다.
하루는 상담하러 가 보니 부부싸움이 한창 벌어지고 있었다.
가벼운 말싸움 정도가 아니라 가정폭력까지 일어난 상태였다.
그 현장을 정면으로 맞닥뜨린 것이다.
두 사람 모두 감정이 한껏 격앙된 상태라
진정시킬 시간이 필요했다. 결국, 그날 상담은
합의하에 포기할 수밖에 없었다.

부부 사이에서 벌어질 수 있는 일은 너무나 많다.
그 원인이 무엇이든 그리고 누구에게 더 책임이 있고
잘못이 있든, 부부간에 발생하는 문제는 다종다양하다.

또 그로 인한 심리적, 정서적, 관계적 손실은
생각보다 훨씬 크다. 이혼이나 분거 혹은
가정폭력이나 외도가 대표적인 경우다.
부부 사이에 문제가 발생하고 갈등이 증폭되어
오해가 지속되면 다양한 문제가 추가로 발생한다.
이런 문제뿐 아니라 심리적, 정서적으로
정상치를 벗어나는 증상도 나타난다.
우울이나 불안, 불면 증상이 생기거나
분노가 조절되지 않는 등의 증상도 나타날 수 있다.

앞에서 거론한 두 부부의 사례도
현상적으로 외도와 가정폭력이 발생한 경우다.
이런 현상은 새로운 증상을 만들고 또 다른 현상을 만든다.

부부 사이에서 벌어지는 일들, 그리고 그 상황과 관련해
부부상담을 해 온 지 어언 십 년이 넘었다.
그동안 수많은 부부를 만나면서 다양한 이야기를 들었다.
이 책은 그들을 만나면서 느꼈던 결혼생활에 관한 이야기다.

부부의 사정은 부부만 안다고 한다.
그래도 부부상담 현장에 있다 보면 그들의 속 이야기를
꽤 많이 듣게 된다.
그렇다고 부부에 대해, 결혼에 대해 안다고 말할 수는 없다.
다만, 그들의 얘기를 나눔으로써 행복한 결혼생활을 위한
해결방안을 찾는 데 작은 도움이 되고자 한다.

부부가 되어 가는 과정

부부로 살아가는 길

부부관계가 해체되는 과정

그리고
성숙한 부부로 가는 길

행복한 결혼생활을 유지하는 방법을
이 책에서 풀어보려 한다. ✳

차례

부부가 되어 가는 과정 4

기적 중의 기적 12
욕망이 선택한 결혼 16
이유 있는 부부 문제 20
이상이 허물어지는 순간 24
유유상종 결혼의 결말 28
행복의 근원은 누구? 32
결혼 후에 알게 된 것들 36

별일이 문제가 될 때 40

갈등 부부의 공통점 44

꼭 말을 해 줘야 알아? 49

나의 언어 패턴은? 54

부부의 삼발이 대화법 60

일주일에 대화는 몇 번? 64

서술과 해석 사이 68

잘못된 이중 메시지 72

위험한 신호, 섹스리스 76

자존감 낮은 부부의 모습 81

내 배우자의 자격지심은? 85

부부 사이의 호칭 89

결혼하는 이유 94

결혼생활의 의미 찾기 99

부부의 매뉴얼　104
부부싸움의 룰　108
왜 내가 먼저 해야 해?　115
가족의 우선순위　119
만들어 가는 행복　126
필수조건 회복탄력성　129
삼발이의 또 다른 요소　133
사람을 이해하는 성숙도　137

이혼할 수 없는 이유　142
이혼해야만 하는 부부　147
이혼 전 따져 볼 것　151
함부로 꺼내면 안 되는 말　156
이혼할 때 주의사항　161
이혼 후 갖춰야 할 태도　165
재혼할 때 필요한 것　169

황소와 암사자의 이혼 사유　173
외도도 중독이다　180
외도에 지불하는 비용　184
성격장애 부부의 문제　188
능동공격과 수동공격의 문제　193
삶에 필요한 네 가지 힘　197

결혼에서 이혼으로 그리고 재혼　202
치료보다 예방하는 시스템　206
부부학을 수능과목으로　210

부부로 살아가는 것　214
작가의 말　218

기적 중의 기적

세상에는 수많은 기적이 존재한다.
죽다 살아나기도 하고 망하기 직전에
극적으로 다시 일어서는 등 분명 기적은 존재한다.

한편 지극히 평범한 것에도 기적은 있다.
그중에서도 가장 큰 기적은
나와 당신이 이 세상에 존재하는 것이다.

우리는 부모 사이에서 자연스럽게 태어난 것으로 알고 있다.
맞다.
그런데 신기한 것은 그 과정에 나 자신이 어떤 선택과 결정도
하지 않았다는 것이다.
그럼에도 우리가 세상에 존재하는 것은 기적 중의 기적이다.
그리고 하루하루 살아간다는 것,
심장이 나의 의지와 관계없이 한순간도 쉬지 않고
뛰고 있다는 것, 이것도 기적이다.

주변을 돌아보면 수많은 기적이 존재하고,
그중에는 기적 중의 기적도 있다.
그런데 이런 것을 기적이라 생각하며
살아가는 사람이 얼마나 될까?

만남도 기적이다.
특히 장래 배우자가 될 사람과의 만남은
기적 중의 기적이다.

이 세상에 존재하는 수십억 명 가운데
한 사람을 장래의 배우자로 만나 선택한다는 것은
우연이나 필연보다 기적으로 설명하는 것이 더 합리적이다.
그런데 이것을 기적이라고 생각하는 사람들은 그리 많지 않다.
그냥 살다 보니 어떤 사람을 알게 되었고,
그 사람과 만남이 이어지다 보니 호감과 친밀감이 생기고
사랑도 싹트면서 자연스럽게 인연이 된 것이지,
이게 무슨 기적이란 말인가 하고
대수롭지 않게 생각하는 경향이 있다.

수많은 사람 가운데 배우자가 될 사람을 만났다는 것은
기적이 아니면 불가능한 일이다.

이런 기적 같은 만남에 대해
그 가치와 의미를 곱씹어 생각해 보지 않으면
만남도 헤어짐도 쉽게 이루어질 수밖에 없다.
특히 부부관계에서 그러한데,
이로 인해 기적 같은 만남이
기가 막힌 헤어짐으로 이어지기도 한다.
오히려 '만나지 않았으면 더 좋았을 것을 ……' 하며
후회하기도 하고, 상대방을 비난하기도 한다.
여기에 미움과 증오가 자리하게 되면
헤어지고 난 이후에도 그 감정을 잘 다스리지 못해
우울해지거나 무기력해지면서
기적 같은 삶이 기가 막힌 삶으로 탈바꿈하기도 한다.

오늘도
기적 같은 삶을 살아간다.
이를 인정하거나 의식하지 않을 뿐

삶은
매일 기적의 연속이다.

특히 기적 같은 만남에는 그저 감사할 따름이다.

오늘도 이 기적 같은 이야기와
기가 막힌 이야기를 듣는다.
그 이야기 속에서 많은 것을 배우고 깨닫기도 하지만
이야기를 들으며 마음이 아프고 힘들 때도 있다.

기적 같은 삶이
기가 막힌 삶이 되지 않도록

오늘도
내가 할 수 있는 최선을 다한다. ✽

욕망이 선택한 결혼

의식적이든 무의식적이든 우리는 수많은 사람 가운데
한정된 사람들을 만나고 관계를 맺고 함께 살아간다.
여기에는 각자 나름의 원칙이 있다.
이를 흔히 유유상종이라고 한다.
누가 딱히 가르쳐 준 것도 아닌데
우리는 어떤 이에게는 호감을
또 어떤 이에게는 비호감을 느낀다.

어떨 때 호감을 느끼고 어떨 때 비호감을 느끼게 될까?
여러 가지 요인이 있지만, 가장 큰 요인은 욕망이다.
인간은 욕망대로 움직이고 선택하는 경향이 강하다.
이는 사람을 만나고 사귈 때도 별반 다르지 않다.
얼핏 모두가 멋지고 예쁜 사람을 선호하는 것 같지만
이는 시각적이고 감각적인 부분일 뿐이다.
내면적으로는 자신의 욕망을 채워 줄 수 있는
사람을 선호하거나 선택하는 경향이 크다.

가난에 시달리다 부유함이라는 욕망을 가진 사람은
부유함을 제공할 수 있는 사람을 선택할 가능성이 높다.
자신의 욕망을 채우고자 하는 선택이다.
가족 사랑이 그리웠던 사람은 상대방의 화목한 가족을 보면
자신의 욕망에 따라 그 사람을 선택하기도 한다.
상담하다 보면 이런 측면이 꽤 많이 드러난다.

그런데 대부분의 내담자는 자신의 욕망을
잘 드러내지 않으려 하고 자기 욕망이 무엇인지
혹은 그 욕망이 사람을 선택하는 데
큰 영향을 미친다는 것에 대해 깊게 생각하지 않는다.

부부상담을 하다 보면 이혼하는 이유가 정말 다양하다.
그중 큰 비중을 차지하는 것이 상대방이
자신의 욕망을 충족시켜 주지 못해서다.
안타깝게도 많은 부부가 자신의 욕망을 인지하지 못하거나
표현하지 않고 인정하지도 않는다.
성격 차이 때문에 헤어진다는 부부의 내막을 알고 보면
자신의 욕망을 채워 주지 않는 상대방이 문제라고 판단해
더는 함께 살 수 없다고 결정하는 경우가 다수다.
결국 상대방 성격이 문제가 아니라
자신의 욕망이 채워지지 않기에 이혼을 선택하는 것이다.

좋은 만남을 꿈꾼다면 자신의 욕망에 대해
통찰해 볼 필요가 있다.
자신의 욕망이 무엇인지에 따라
어떤 사람을 만날지, 어떤 사람에게 호감이 갈지
방향성이 어느 정도 정해진다.
그만큼 자신의 욕망이 무엇인지에 대해
아는 것이 중요하다.

가난에 사무친 사람은 부자가 되고 싶은 욕망이 강하다.
배움이 짧은 사람은 배움에 대한 욕망이 크다.
정서적으로 결핍이 심한 사람은
정서적 보상에 대한 욕망이 강하다.
여기까지는 모두 인정하거나 공감할 것이다.

자신의 욕망을 들여다보자.
수많은 사람 중에 호감 가는 사람은
아마도 자신의 욕망을 채워 주고
만족시켜 줄 것이라고 믿게 만드는 사람일 것이다.
그런데 상대방이 나의 욕망을 충족시켜 준다는 것이
불가능한 일은 아니지만
가능하다고 일방적으로 말하기에도 무리가 있다.

욕망 추구는 개인의 자유지만
상대방이 그것을 채워 줄 거라는 생각은
자신의 과도한 기대일 수 있다.

기적 같은 만남은 쉬운 것 같으면서도 어렵다.
수많은 사람이 만나고 헤어지기를 반복한다.
결혼생활도 마찬가지다.
결혼을 쉽게 하지는 않으나 이혼은 한 세대 전보다 많아졌다.
헤어지는 사람들이 주로 하는 말이 있다.

"만남부터 잘못되었다."

일리가 있는 말이다.
지금이라도 잘못을 반복하지 않으려면
자신의 욕망에 대해 좀 더 통찰하고
그것을 감안한 만남을 생각해 볼 필요가 있다.

어떤 만남을 원하는지
우선 자신에게 물어보는 것이다. ✦

이유 있는 부부 문제

어린 민서에게 매해 찾아오는 어린이날은
제일 아쉬웠던 시간이었다.

아버지를 일찍 여의고 어려운 형편에서도
어머니의 살뜰한 보살핌을 받은 민서 씨였다.
하지만 외식 다닐 때 아버지의 부재를 가장 많이 느꼈다.
일찍 세상을 떠난 아버지가 원망스럽기까지 했다.
그래도 첫째 딸인 민서 씨는 마음을 애써 달래가며
건강하게 자랐고 대학까지 무사히 공부를 마쳤다.
모든 것이 어머니의 뒷바라지 덕분이었다.

사회에 진출하고 결혼 적령기가 되자
어떤 남자를 만나 가정을 꾸릴지 고민이 들기 시작했다.
많은 고민 끝에 직장에서 현재의 남편을 만났다.
좋은 인상에 왠지 모르게
오빠 같은, 아빠 같은 분위기가 좋았다.

그런데 언제부턴가 남편에 대한 애정과 관심이
서서히 줄어드는 자신을 발견했다.
남편이 무엇을 잘못하는 것도 아니고 흠이 있는 것도 아니었다.
남편에 대한 무덤덤한 감정 때문에 혼란스럽기까지 했다.
분명 남편이 옆에 있어 주면 든든한데
한편으로는 왠지 모르게 보이지 않는 거리감이 느껴졌다.
자연스레 부부의 성생활도 소원해져서
이제는 거의 섹스리스 부부가 되어 각방을 쓰고 있다.
주변에서 아이를 가지지 않을 거냐고 묻지만
그런 말을 들을 때마다 답답함과
왜 이렇게 살아야 하는지 의문까지 들었다.

부부상담을 통해 민서 씨가 택한 배우자는
심리적으로 남편이 아니라 아버지였다는 것,
그리고 그동안 자신의 욕망대로 배우자를 선택하고
남편을 대했다는 것을 알게 되었다.
자신의 숨겨진 욕망에 맞춰 배우자를 선택한 것이다.

정석 씨는 결혼하고 싶어서 연애도 많이 해 봤지만
정작 결혼까지 이르지 못한 솔로다.
주변 사람들은 인물도 괜찮고 안정적인 회사에 다니는,
나름 괜찮은 사람인데 왜 결혼을 하지 못할까 하며 궁금해한다.

사실 정석 씨에게는 핸디캡이 있다.
여자 친구가 감정적으로 분노하거나 우울해하면
그날로 관계를 끊는다는 것이다.
정석 씨는 여자 친구를 길게 사귄 적이 한 번도 없다.
관계를 잘 이어 가다가도 여자 친구의 거친 모습이나
무기력한 모습을 보면
즉시 뒤로 물러나 도망치기 일쑤였다.
그러다 보니 정작 결혼까지 이르지 못한 것이다.

정석 씨는 자신의 이런 성향에 문제의식을 느끼고
원인을 알고 싶어 개인상담을 신청했다.
상담 결과 원인은 어머니였다.
정석 씨가 그동안 사귄 여자 친구들과 어머니가
비슷한 성향을 가지고 있었던 것이다.

아동기와 청소년기를 보내는 동안
어머니가 분노하거나 우울한 모습을 보이면
어린 정석 씨는 아들로서
미안함, 죄책감 그리고 자책감을 느끼곤 했다.

이런 심리는 여자 친구와의 관계에서도 그대로 반복되었다.
여자 친구가 화를 내거나 우울해하면

갑자기 죄책감이 들거나 부담감이 생겼던 것이다.
그리고 여자 친구와 관계를 계속 유지하거나 결혼이라도 하면
계속해서 마음에 상처를 주겠지,
하는 생각이 떠올라 그 상황에서 벗어나고자
관계를 단절했던 것이다.

결국 어머니와 다른 성향의 여자 친구를 원하는
자신의 욕망에 맞지 않는다는 것을 깨닫고
미리 회피하는 전략을 사용한 것이다.

이로 인해 배우자 선택의 폭이 점점 줄어들었다.
이래서 안 되고, 저래서 안 되고 …….
스스로 자신의 삶을 밧줄로 꽁꽁 묶어 버렸다.

욕망과 선택의 관계성을 보여주는
안타까운 사례다.
이런 면에서 부모와의 관계는 정말 중요하다. ✷

이상이 허물어지는 순간

이성을 만나는 자신만의 기준이 있다고 말하는 사람이 많다.
기준에 부합하는 사람을 만나면
그 기준의 근거가 자신의 욕망인지 원가족의 영향인지
굳이 따져 볼 필요를 전혀 느끼지 못하고
상대방에 대한 우상화 혹은 이상화를 시작하려고 한다.
첫눈에 반했다는 표현이 바로 그런 경우다.

자신이 원했던 조건에 상당 정도 맞는 상대를 만나면
묻지도 따지지도 않고 그 사람을 우상화하고 이상화한다.
웃는 모습도 예쁘고 화를 내는 모습도 귀엽다.
상대방에게 푹 빠져 버리는 것이다.
즉 사랑이다.

사랑에 눈이 멀면 생각도 일정 부분 멈추게 된다.
즉 합리적이고 통합적인 사고에 지장이 생긴다.

물론 심리상담이나 치료를 받아야 할 정도는 아니다.
단지 이성과의 만남에 말로 다 설명할 수 없는
메커니즘이 작동하는 것이다.

이런 현상이 지속될수록 상대방에 대해
보고 싶은 것만 보고 말하고 싶은 것만 말하며
생각하고 싶은 것만 생각하는
일종의 확증편향이 일어난다.

이런 확증편향의 결과로 생겨나는 것이
상대방에 대한 우상화나 이상화다.
물론 연애에는 이런 요소가 필요하다.
아무리 사랑을 느끼려 해도 느껴지지 않는 것을
억지로 사랑이라고 할 수 없다.

그런데 문제는 우상화와 이상화가 허물어지면
상대방에 대한 과도한 평가절하가 시작된다는 점이다.

이런 일이 부부 사이에 벌어지면
이혼으로 가는 지름길이 된다.

실제로 이혼하려는 부부를 만나 보면

특정한 이슈가 있는 경우도 있지만
상대방을 자신의 욕망에 빗대어
우상화하거나 이상화했다가
실망과 좌절을 느끼고 상대방을 평가절하하면서
부부관계가 허물어지는 경우가 많다.

만남에는 여러 메커니즘이 작동한다.
막연한 좋은 인상과 호감이 만남으로 이어지기도 하고
자신의 욕망이 투사된 만남도 있다.
부모-자녀 관계에 근거한
의식적 혹은 무의식적 만남도 있다.

만남이 파국을 맞을 때도
이런 메커니즘이 반대로 작동한다.

좋은 인상과 호감이
언젠가부터 갑자기 비호감으로 느껴지거나
채워지지 않는 욕망으로
가정폭력이나 외도가 벌어진다.
혹은 원가족에서의 부모-자녀 관계의 영향이
부부관계를 파국으로 이끌기도 한다.

만남이란
쉬운 것 같으면서도
상당히 어렵다.

건강하고 적절한 만남을 원한다면
다양한 관점에서
살펴보아야 한다.

언제든지 변할 수 있는 감정으로
만남을 판단하는 것은 지혜롭지 못하다.
그로 인한 다양한 작용과 부작용은
부부의 삶에 만족과 행복을 줄 수도 있지만
반대로 좌절과 실망을 제공할 수도 있다. ✷

유유상종 결혼의 결말

사람들은 유유상종을 좋아한다.
심지어 반려동물과도 동질감을 느끼고자
외출할 때 자신과 비슷한 색깔의 옷을
반려동물에게 입히거나 꾸미기도 한다.
바로 유유상종하고 싶어 하는 심리다.

사람과 사람 사이에도 이런 경향이 강하다.
동병상련의 경우처럼 비슷한 처지나 환경에 처하면
동질감이나 친밀감을 얻는 등 정서적 상호작용을 한다.

이런 만남이 좋은 것일까?

세상일이 모두 좋거나 나쁘다고 할 수 없고
전적으로 선하거나 악하다고 할 수 없다.
유유상종도 무조건 좋다, 나쁘다로 나눌 수 없다.
경우에 따라 좋을 수도 나쁠 수도 있을 뿐이다.

부부상담을 진행하다 보면
유유상종으로 만난 부부 중 부정적인 경우를 자주 접한다.
서로 외롭거나 힘든 사람끼리 만나면
서로를 잘 이해하고 돕지 않을까 하고
생각하기 쉽지만, 실제의 삶에서는
이런 상호작용이 일어나지 않는 경우가 많다.

모든 사람은 자기중심적이고 이기적이다.
심지어 이타적인 사람도 이기적이라는 말이 있다.
이타적인 언행을 통해 무엇인가 얻고 싶어 하기 때문이다.
마찬가지로 두 남녀가 비슷한 조건 때문에
서로 호감을 느꼈다면, 상대방을 이해하고
도와주려는 것보다 상대방이 자신의 욕망을
채워 줄 거라는 기대와 열망으로 유유상종했을 수 있다.
이런 경우 생각보다 빠르게 갈등이 발생하거나
파국을 맞을 수 있다. 상대방의 욕망을 채워 주는 것보다
자신의 욕망부터 먼저 채워 달라고 손을 내밀어서다.

어느 부부는 자라온 환경이 비슷했다.
자란 가정은 달라도 자라온 환경이 비슷하니
서로 이해하고 배려하며 사랑할 수 있을 거라 믿었다.
그런데 얼마 안 되어 두 사람은 이혼을 선택했다.

막상 살아 보니 자신의 욕구와 욕망을
먼저 채워 달라고
서로 손을 내밀더라는 것이다.

유유상종의 만남도 어떤 만남이냐와 함께
그 만남을 어떻게 유지하고 발전시킬 것이냐에 따라
서로에게 유익이 되는 관계가 형성되기도 하고
반대로
서로에게 상처주는 관계가 될 수도 있다.

재혼하는 사람 중에도 서로 이혼의 경험이 있으니
더 잘 살 수 있을 거라는 기대와 열망을 갖는 경우가 많다.
하지만 오히려 더 많은 상처와 아픔을 주고받아
재이혼으로 이어지기도 한다.

유유상종의 만남이
'잘 어울릴 것이다' 혹은 '더 잘 살 것이다'라는 추론은
기대와 열망일 뿐

실제의 삶은 다를 수 있다. ✽

행복의 근원은 누구?

예비부부를 만날 때마다 무엇 때문에 결혼하는지 물었다.
상대방을 사랑해서, 부모가 결혼하라고 해서 등
저마다 이유가 다양하다.
그 가운데서도 공통적인 것이 있다.

'행복하기 위해서'

결혼해서 부부로 살아가는 사람에게도 같은 질문을 해 보면
대체로 행복하기 위해서 결혼했다고 답한다.
그러면 지금 행복하냐고 다시 묻는다.
자신 있게 그렇다고 말하는 부부도 있고
불행하지는 않지만
행복하지도 않다고 말하는 부부도 있다.
이런 부부 중 결혼에 대한 만족감과 행복감이 떨어지고
부부 갈등이나 이혼 위기에 빠진 부부들이
급한 마음에 부부상담을 신청하는 경우가 있다.

이는 그나마 나은 경우다.
위험 신호가 켜졌는데도 현실을 간과하거나 무시하다가
정말 큰 사건과 함께 부부상담에 나오는 경우도 많다.
대표적인 것이 배우자의 외도다.

어찌 되었든 행복하려고 한 결혼인데
막상 행복하지 않다고 말하는 경우가 많다.
그들에게 묻는다.

"당신은 행복의 근원인가요, 행복의 수혜자이고 싶은가요?"

행복은 누가 주는 것이 아니다.
누가 만들어 주지도 않는다.
개인이든 부부든 가족이든
행복은 스스로 만들어 가는 것이다.
즉 행복의 근원은 자신이어야 한다.

불행하다고 생각하는 부부를 상담해 보면
스스로가 행복의 근원이 아니라
수혜자가 되려는 욕구가 강하다.
배우자를 선택할 때도 자신의 행복을
책임져 줄 수 있는 사람을 선택하려는 욕구가 작용한다.

그런데 이런 사람을 만나는 것은 인생의 보너스일 뿐
정작 자신이 행복의 근원이 되지 못하면
결혼생활의 행복은 담보할 수 없다.

배우자를 통해 행복을 얻겠다는 생각은
절반의 성공밖에 담보되지 않는다.
나머지 절반은 자신이 채워야 한다.
자신의 노력과 헌신 없이 배우자의 노력과 헌신만으로
행복을 채운다면, 과연 진정으로 행복을 느낄 수 있을까?

불가능하다.

노력과 헌신에도 한계가 있다.
누구나 보상받고 싶은 욕구와 욕망이 있기 때문이다.
서로가 스스로 행복의 근원이 되어
함께 행복의 탑을 쌓지 않는다면
언젠가는
부부 사이에 감정이 폭발하거나
노력과 헌신을
철회할 가능성이 높다.

이럴 경우 이성적으로 시시비비를 따지기도 하지만
원색적으로 다툼과 싸움을 하는 부부도 많다.
그 과정에서 서로 상처와 아픔을 주고받게 되면
고통과 괴로움 못지않게
자존감의 하락을 맛볼 수밖에 없다.

행복하기 위해 결혼을 선택했다면
결혼 전후로 자신이 행복을 위한 근원이 될 수 있는
심리적, 정서적, 인격적 준비가 되어 있는지
먼저 살펴볼 필요가 있다.

혹여 결혼 전에 해결되고 치료되어야 할
마음의 상처와 아픔은 없는지
통찰하고,

만약 있다면
결혼 전 혹은 결혼생활을 시작하자마자
그 부분을 해소하는 시간이 필요하다. ✶

결혼 후에 알게 된 것들

많은 부부가 결혼 후 문제가 생기면
상대방이 변했다고 주장한다.
사랑이 식었다느니 마음이 변했다느니 하면서
상대방을 공격하고 비난한다.
심지어 이혼하겠다고 협박과 위협을 하기도 하고
실제로 신혼이혼으로 이어지기도 한다.
연애 때는 하루가 멀다고
아니 한 시간이 멀다 하고
연락하고 만나던 남녀가 결혼 후에는
유리벽에 갇힌 듯 살아가는 경우도 많다.
이런 일들은 갑자기 생기는 것이 아니다.
결혼 전에 서로에게 드러냈을 가능성이 높다.

이런 일을 결혼 전에는 왜 인지하지 못했을까?
바로 확증편향 때문이다.

상대방을 우상화하고 이상화하게 되면
상대에 대해 쉽게 확증편향을 하게 된다.
즉 자신이 믿고 싶은 대로 상대를 본다.
아울러 대화와 소통을 통해
서로 의논하고 협의해야 할 부분이 드러나도
가볍게 여기거나 간과하거나 무시하는 경향이 커진다.

가정폭력의 경우 이미 연애 때 폭력을 주고받았을 수 있다.
외도의 경우도 연애 때 이성관계가 복잡했을 수 있다.
부부상담을 하다 보면 이런 것들이 자연스럽게 드러난다.
문제는 이런 일이 결혼 전에 이미 드러났음에도 불구하고
많은 남녀가 대수롭지 않게 생각한다는 것이다.
물론 여기에는 연인관계가 깨져서
결혼을 못 하게 될 수도 있다는 불안감도 작용한다.
폭력과 관련해서는 피해당한 사람이
자신의 노력과 헌신으로 상대방을 변화시켜 보겠다는
묘한 심리가 발동하는 경우도 있다.
유감스럽게도 남편이 아내를 혹은 아내가 남편을
치료할 수 없고 연인 사이도 서로 치료해 줄 수 없기에
바보 온달과 평강 공주와 같은 사례를 만들겠다고
용기를 내는 것은 지혜롭지 못한 선택이다.

결혼 전 경험하는 다양한 에피소드 속에서
주의해야 할 것이 있다.
확증편향이 이성적 판단을 방해할 수 있음을 인지하는 것이다.
결혼 후 상대방이 변했다는 주장은
엄밀히 말하면 상대방에 대한 색안경이 벗겨진 것인데
자신의 확증편향을 인정하기 싫어서
상대방을 공격하고 비난하는 가장 쉬운 방법을 행하곤 한다.
무슨 문제가 생기면 희생양을 내세우면서
책임을 전가하는 것과 비슷한 심리다.

많은 문제가 결혼 전에 드러난다.
만남 초반에는 자신의 좋은 점만 보여주기 위해
조심하고 개인적인 문제에 대해 방어적인 자세를 취하지만
관계가 점점 깊어지면
다양한 문제를 무의식적으로 노출하게 마련이다.

그런 것들을 놓쳤다면 사전에 정확하고 명료하게 보지 못했거나
봤더라도 진지하게 생각하지 않았을 것이다.
결혼 후 상대방이 변했다고 느껴진다면
잠시 과거를 반추해 볼 필요가 있다.
혹시 자신이 착시현상을 보았거나
확증편향에 빠진 적은 없는지 말이다.

현재 부부생활에 스트레스 받는 문제가 있는가?

있다면,
함께 풀어 갈 방법을 찾아야 한다.

상대방을 공격하고 비난하는 것은
문제를 해결하기보다
책임을 전가하는 것이다.

문제를 해결하기 위해서는
부부, 두 사람이 주체가 되어야 한다.

한 사람만 주체가 되어서는

제대로

해결되지 않는다. ✦

별일이 문제가 될 때

민석 씨와 정현 씨는 결혼 오 년 차 부부다.
결혼 후 맞벌이를 해 왔고
이제서야 자녀계획을 세우는 중이다.
부모 도움 없이 어렵게 시작한 결혼생활이지만
조금씩 살림이 늘어나는 행복에 만족했다.
그런데 자녀를 가지려고 하면서
부부 사이에 갈등이 일어났다.
부부는 서로 의사소통을 통해 갈등을 해결하려고 했다.
하지만 쉽게 풀리지 않으면서
이혼하자는 말까지 나오게 되었다.

부부 사이든 가족 간이든
의사소통은 호흡과 같다.
숨을 쉬지 않으면 사람이 죽듯이
의사소통이 점점 줄어들면
숨과 호흡이 줄어드는 것과 같은 현상이 생긴다.

문규 씨와 창희 씨 부부는 싸움을 자주 한다.
부부싸움을 할 때는 열전을 펼치다가도
싸움 후에는 며칠 동안 말을 하지 않는다.
분명 상대방에게 부탁해야 할 것도 있고
물어봐야 할 것도 있지만
둘 다 자존심이 강한 탓에
서로 먼저 말문을 열기 전까지 침묵한다.
그러다 보니 서로 답답함을 느끼고
때로는 불필요한 오해도 생긴다.

말을 하면 금방 해결될 일도 끙끙 앓는다.
집 밖에서 다른 부부를 만날 때는
아무 일도 없는 것처럼 연극을 하기도 한다.
그리고 집에 돌아와서는
이런 모습이 상대방을
공격하는 포인트가 되어서
'가식적이다', '위선적이다'라는 구호와 함께
상대방을 더 비난한다.

창식 씨와 선희 씨 부부는
서로 섭섭한 것이 있거나 억울한 일이 있으면
말문을 닫는다.

앞의 사례와 비슷하다.
다른 점은 자신의 의견을 자녀를 통해
상대방에게 전달한다는 것이다.
처음에는 자녀도 부모의 의견을 잘 전달하더니
어느 정도 성장하고 난 후에는
엄마아빠 문제는 스스로 해결하라면서
뒤로 빠져 버렸다.
평소 해 오던 방식에 익숙한 창식 씨와 선희 씨는
소통 방식을 바꾸는 것에
서툴고 힘겨워하다가 상담을 신청해 왔다.

이렇듯 많은 부부가 잘못된 의사소통으로 인해
문제가 아닌 것을 문제로 만들어 버린다.
안타까운 것은
그렇게 심리적 에너지를 소진하다가
결국에는 이혼이라는 파국을 맞는다는 것이다.

원인은 의사소통이다.

의사소통이 제대로 되지 않으니
심리적, 정서적, 관계적 호흡을
할 수가 없게 된 것이다. *

갈등 부부의 공통점

상담센터에 있다 보면 이런저런 이유로
이혼 위기에 처한 부부 혹은
갈등을 겪고 있는 가족 이야기를 자주 듣는다.
그중에는 기가 막히고 코가 막힐 정도의 사연도 있지만
큰 문제가 아닌데 큰 문제라고 주장하는 부부나 가족도 있다.
충분히 해결 가능한 문제를 두고
파국적 해석과 사고를 하는 부부나 가족이 있는가 하면
문제해결보다는 회피와 도피 차원의 이혼과 의절만을
생각하는 이들도 많다.

이 세상에 해결하지 못할 문제는 그리 많지 않다.

우리는 매일매일 살아가면서 수많은 문제와 직면한다.

그렇다고 해서 모든 문제가 우리를 괴롭히는 것은 아니다.
어떤 문제는 이렇게 저렇게 해결하면서 살아간다.

그러면 각종 문제 상황에 대한 마스터키는 무엇일까?
바로 의사소통이다.

지난 20세기 전반에 인류는 두 차례의 세계대전을 겪었다.
몇백 년에 한 번씩 겪은 것이 아니라
반세기 만에 두 번이나 세계적인 전쟁을 치렀다.
제2차 세계대전이 끝난 후 많은 사람이
왜 두 번이나 전쟁이 발생했는지 연구하기 시작했다.
그리고 각 국가 지도자들 사이에
의사소통이 미숙했거나 부족했다는 결론을 내렸다.
일리 있는 얘기다.
이는 비단 국가와 국가만의 문제는 아니다.
개인과 개인도 마찬가지다.

갈등을 겪고 있는 부부와 가족을 보면
다툼의 소지가 아예 없지는 않다.
그런데 그들에게 공통으로 보이는 모습이 있다.

의사소통이 좋지 않다는 것이다.

말은 많이 하지만 대화는 적고
말과 대화의 효과가 떨어지는 의사소통만 한다.

그러다 보니 말이 많아질수록
말로 인해 문제가 발생하고
작은 문제도 큰 문제로 쉽게 비화되어 버린다.
실제로 의사소통이 좋지 않은 부부나 가족을 만나 보면
비효율적인 의사소통 방법을 많이 사용한다.
말머리를 돌리거나 말허리를 자르거나
혹은 말꼬리를 잡는 것은 다반사이고
다양한 인지적 오류가 벌어지기도 한다.
흑백논리에 빠지거나
선택적 추상화나 과일반화를 하는 등
비효과적이고 비효율적인 의사소통 방법을 사용한다.
부부상담에 임해서도 말다툼과 비난이 난무하면서
더 큰 상처와 아픔을 주고받는다.

부부나 가족 사이에는 수많은 문제와 이슈가 발생한다.
돈 문제, 시가나 처가와의 관계 문제,
자녀 양육과 훈육 문제, 배우자 외도 등이 수시로 발생한다.
인과관계와 상관관계를 떠나
해결해야 할 문제가 계속해서 생겨난다.

이런 문제들을 잘 해결하려면 어떻게 해야 할까?
문제를 잘 풀 수 있는 수학 공식 같은 방법은 없을까?

있다.

의사소통이다.

의사소통이 좋다고 해서 모든 문제가 해결되는 것은 아니다.
그러나 의사소통이 좋다면
적어도 문제가 문제화되지 않을 가능성이 높다.

과거에는 많은 사람이 태어나 자라면서
의사소통을 제대로 배울 기회를 얻지 못했다.
권위주의적 사회와 가부장적인 가정환경에서
자란 자녀들은 자신의 생각이나 느낌을
자연스럽고 편안하게 표현할 수 없었다.
현대사회에서는 서로가 바쁘고
스마트폰을 통한 소통이 많아지다 보니
감정표현도 기계화되는 경향이 강해졌다.
어떤 부부는 말로 하는 대화보다
문자 소통이 더 익숙하다고 하고
자녀와도 문자로 소통하는 경우가 잦다고 한다.

같은 집에 살면서 밥 먹으라고 할 때도
문자를 보내는 가족까지 있다고 할 정도다.

같은 내용도 말과 글은 다르다.
얼굴을 마주하고
감정이 녹아 있는 말을 주고받는 대화가 아닌
다소 무미건조한 문자나 글 위주만의 의사소통은
좋다, 나쁘다를 떠나서
왠지 절름발이 대화 같아서 아쉬울 때가 많다. ✱

꼭 말을 해 줘야 알아?

사람을 괴롭히는 방법에는 여러 가지가 있다.
그중 하나가 말을 못 하게 하는 거다.
독방에 넣고 아무 말도 못 하게 하는 것만큼
고통스러운 것도 없으니 말이다.
사람은 언어를 사용하게끔 태어났고
언어를 통해 생각이나 느낌을
표현해야 살아갈 수 있는 존재다.

언어 사용은 심리적 관점에서 살기 위한 호흡과 같고
개인적 측면보다 타인과의 관계적인 면에서 더욱 중요하다.
의사소통이 없다는 것은
숨과 호흡을 멈추게 하고 관계를 멀어지게 하며
각종 오해와 왜곡을 일으킨다.
특히 부부 사이에 의사소통은
관계의 건강함을 보여주는 지표와도 같다.

연주 씨 부부는 집에 오면 거의 대화를 하지 않는다.
각자 하고 싶은 말, 꼭 해야 하는 말을 빼고는
대화가 거의 없다. 연애할 때는 눈빛만 봐도
상대방의 마음을 읽어낼 정도로 관심법이 있었는데
결혼 후 점차 대화가 줄더니 이제는 거의 말을 하지 않는다.
맞벌이하면서 시간적 제약도 있고 몸도 피곤해
이제는 꼭 해야 할 말만 한다.
가끔 다툴 때도 있는데

"눈빛만 보아도 알 수 있지 않냐!"
혹은 "꼭 말을 해 주어야 아냐!" 하는 식이다.

이런 일들이 누적되다 보니
이제는 이렇게 다투는 것도 귀찮고
각자 자기 생각대로 느낌대로 살아간다.
어느 순간부터는 서로 눈치만 보면서

'저 사람 속에 무엇이 들어 있을까?'

하고 관심법을 동원해 보지만
집에 들어오면 답답하고 지쳐서 그마저도 그만두었다.

더는 안 되겠다 싶었는지 부부는 상담센터 문을 두드렸다.
처음에는 부부가 각자의 말만 했다.
서로 이런저런 불평불만을 쏟아 내기에 급급했다.

부부의 생활 태도를 탐색해 보니
의사소통이 비효과적이라는 것을 바로 알 수 있었다.
의도는 나쁘지 않은데
의사소통 방법이 비효율적이다 보니
오해로 가득 찬 눈빛으로 상대방을 바라보면서
상황을 왜곡해서 이해하는 등
부작용이 일어나고 있었다.

그렇다.

의사소통이 좋지 않으면 부부든 가족이든
문제가 발생하고 관계에 이상 신호가 울린다.

부부 사이뿐만 아니라,
부모-자녀 사이에도 비슷한 현상이 벌어진다.
결국 부부관계든 가족관계든 힘들어진다.

사실 "눈빛만 보아도 알지 않냐!"
혹은 "꼭 말을 해 주어야 아냐!"
라는 표현에는 여러 가지 한계가 있다.
눈빛으로 알 수 있는 것에 당연히 한계가 있고
말을 해 주어도 모를 수 있다.
사람이 신도 아닌데 어찌 알겠는가.

부부관계가 좋고 나쁘고를 떠나서
적어도 숨과 호흡이 되는 의사소통의 문은
항상 열려 있어야 한다.

그런데 우리는 말은 배웠어도
의사소통은 잘 배우지 못했다.
의사소통을 잘 배웠다고 해도
숙달하지 못한 경우가 대부분이다.

큰일도 아니고 별일도 아닌 것을 가지고
부부가 다투거나 갈등을 빚는 경우를 보면
문제 자체와는 별개로
엉뚱한 문제에서 허우적거리고
풀어 가는 과정에서도
빙빙 도는 등 비효율적인 방법을 사용한다.

당연한 말이지만
효과적인 의사소통일수록 문제해결에 도움이 된다.

즉 어떤 의사소통을 어떻게 하느냐에 따라
관계도, 해결방안도 달라진다.

의사소통 방법이 비효율적이라고 판단된다면
이제라도 배워보기를 권한다.

늦었다고 생각할 때가 가장 빠르다고 하지 않던가. ✳

나의 언어 패턴은?

부부상담 할 때 의사소통에 대해 무척 강조한다.
그래서 부부의 언어 습관과 언어 사용 패턴을
민감하게 관찰한다.
예상하겠지만 갈등이 심한 부부는
의사소통 방법도 비효율적이지만
사용하는 언어 선택도 비효과적인 경우가 많다.

주의력결핍 과잉행동장애(ADHD)가
의심되는 자녀를 둔 부부가 있다.
그들은 스트레스가 매우 높았다.
유치원이나 초등학교에 다니는 자녀가 ADHD 증상을 보이면
부모는 하루하루가 가시방석 같고
시한폭탄을 안고 있는 것 같다고 한다.
유치원이나 학교에서 걸려 오는 선생님의 전화에
노이로제가 걸릴 것 같다고도 한다.

이들 부모는 자녀에 대해 말할 때
사용하는 언어도 부정적인 경향이 있다.

"우리 아이가 많이 산만한 것 같아요"
"우리 아이가 충동적인 것 같아요"
등의 표현을 자주 사용한다.

그리고 이런 표현을 자녀에게 그대로 사용한다.
"너는 왜 이렇게 산만하니?"
"너는 너무 충동적이야!"와 같은 말을 주저 없이 건넨다.
상당 부분은 스트레스에 따른 감정적 동요로 인한 표현이지만
중요한 것은 이런 말을 듣는 자녀가
그 말에 암시를 받거나 말의 마법에 걸린다는 것이다.
이를 자기충족적 예언이라고 한다.

감정을 말로 쏟아 내면 현실에서 그대로 일어날 가능성이 높다.
이런 언어 사용 패턴은 부부 사이에서 더 심하다.
부부 사이가 정서적으로 불안정하고
서로에 대한 섭섭함이나 아쉬움 때문에 감정이 요동치면
같은 상황이라도 부정적인 표현으로
상대방을 공격하거나 비난하게 될 확률이 높다.

이때도 자기충족적 예언이 벌어진다.

"당신은 민감한 것 같아!"
"당신은 예민한 것 같아!"

두 말이 똑같이 들리는가?
비슷한 분위기의 문장 같지만 느낌이 전혀 다르다.
듣는 사람은 전자에서 긍정적인 느낌을
후자에서는 왠지 공격받은 듯한 부정적 느낌을 받는다.
이렇듯 같은 상황에서 어떤 표현을 사용하느냐는
부부관계와 정서에 큰 영향을 미친다.

어떤 표현을 사용하느냐의 선택은 바로 자신에게 달렸다.
사람에게는 자신만의 언어 사용 패턴이 있다.
'입만 열면 거짓말을 한다는 표현'처럼
자신도 모르게 거짓말을 입에 달고 사는 사람이 있는가 하면
참말 거짓말을 떠나 만사에 침묵으로 일관하는 사람도 있다.
어찌 보면 익숙함의 마법이라고 볼 수 있다.

그 익숙함을 변화시키려면 엄청난 노력을 해야 한다.
노력의 첫 번째 과제는
자신의 언어 사용 패턴에 민감성을 갖는 것이다.

주로 어떤 표현을 사용하는지에 대한 통찰 못지않게
다른 사람들의 모니터링을 적극 수용할 필요도 있다.
동일한 현상을 두고 긍정적으로 표현하느냐
부정적으로 표현하느냐에 따라 사람들의 반응은 달라진다.
긍정적 표현을 접한 사람은 비록 자신의 생각이나 관점과
다른 평가라 해도 귀 기울이려 하지만
부정적 표현에 대해서는 저항하거나 부정하는 등의
방어기제를 사용하여 귀를 닫으려 한다.

부부 사이에 의사소통이 제대로 되지 않는다면
혹시 자신의 언어 사용 패턴에 문제가 없는지
성찰해 볼 필요가 있다.
이왕이면 긍정적이면서 상대방의 잠재력을
깨워 줄 수 있는 언어를 사용해 보자.
부부 사이뿐 아니라
대인관계에서도 큰 강점이 될 것이다.

사람은 사소한 말 한마디에
상처를 받기도 하고

반대로 큰 용기를 얻기도 하고
인생이 바뀌기도 한다.

가깝다고 느끼는 부부나 가족 안에서의
언어 사용 패턴은 매우 중요하다.
먼 사람보다 가깝고 친밀한 사람에게
상처받는 경우가 더 많기 때문이다. ✽

부부의 삼발이 대화법

부부가 나누는 대화에는 어떤 것이 있을까?
크게 세 가지로 나눠보았다.

첫째, 일과 관련된 대화다.
일상생활에서 겪는 각종 일, 처리해야 할 일
즉 가사나 가족과 관련된 대화다.
많은 부부가 이런 대화를 자주 나눈다.
이 대화마저 하지 않는다면,
아주 특이한 경우거나 정상의 범주를 넘어선다고 할 수 있다.
만약 일상적인 의사소통조차 하지 않는다면,
그 부부는 눈빛만 보아도 서로의 마음을 알 정도의
내공이 있거나, 아니면 부부 대화에 전혀 관심이 없거나
그것도 아니라면 적어도 한 사람이 대화의 욕구를
억압하면서 마음에 병이 있을 수 있다는
진단을 해 볼 수 있다.

둘째, 정서와 관련된 대화다.

생각보다 많은 부부가 이 부분에서 스트레스를 받는다.

정서라는 것은 기분, 느낌, 감정 등 다양한 측면을 일컫는다.

일과 관련된 대화가 잘 되어도

정서와 관련된 대화가 잘 되지 않으면

부부 사이에 왠지 모르게 무미건조한 느낌이 들고

서로 간에 소통이나 공감에서 정서적으로 메마르게 된다.

물론 정서와 관련된 대화를 하지 않고도

살아가는 부부는 있다.

그냥 체념하거나 포기하고 사는 경우다.

정서와 관련된 대화를 나누지 않으면

마음에 병이 생기기 쉽고

외부에서, 즉 외도를 통해

자신의 정서적 문제를 해결하려고 한다.

부작용이 생기는 것이다.

특히 아내가 외도행위자인 경우

자신의 정서에 대해 남편에게 털어놓아도

긍정적 피드백을 받지 못하고 있을 확률이 높다.

외도가 벌어졌을 때 남성행위자보다

여성행위자가 쉽게 빠져나오지 못하는 이유가

바로 정서적인 부분 때문이다.

긍정적인 정서에 대한 대화에는
능동적으로 대처하면서도
부정적인 정서에 대한 대화는
소극적으로 회피하는 부부도 있다.
이것이 원인이 되어 우울증이 만성화된 부부도 있다.
그러다 결국 가족 분위기 전체가
우울해지거나 불안, 분노로 가득 차기도 한다.
정서와 관련된 대화를 소홀히 한 결과로
후유증을 앓는 것이다.

마지막 셋째는 성적 대화다.
부부는 성적 관계에 있어서
어느 누구도 시비를 걸 수 없는 독점적인 관계다.
아울러 부부의 성적 관계는 성적 대화라고 할 수 있다.
성적 대화가 사라진 부부에게는
사소한 문제가 큰 문제로 비화되는 경우가 많다.
매우 중요한 성적 대화가 빠진 채로
일과 관련된 대화나 정서와 관련된 대화만으로
부부관계를 유지하려고 하니
한계가 드러나는 것이다.
이 또한 부작용인 것이다.

부부 사이에서 성적 대화는 여러 가지 의미를 제공한다.
서로에 대한 신뢰와 존경의 신호가 되기도 하고
서로의 매력을 인정하는 메시지를 주기도 하며
서로 사랑하는 것을 확인시켜 주는 기능도 한다.
단, 나이가 들면서 부부 사이에
성적 관계의 빈도와 강도는 달라질 수 있다.
성적 관계를 통한 성적 대화가 지속된다고 해서
부부에게 어려움이 찾아오지 않는 것은 아니다.
대신 어려움이 생기더라도 서로 힘을 합쳐
극복할 수 있는 응집력이 강해질 수 있다.

지금 부부의 대화는 어느 선에 있는가?
세 가지 중 한두 가지라도 적절하게 사용하고 있는가?

일, 정서, 성(性) 등 세 가지 대화는 삼발이와 같다.
삼발이란 발이 세 개인 물건을 일컫는다.
다리가 하나라도 부러지거나 부실하면
모든 것이 허물어지는 구조다.
그만큼 부부에게 이 세 가지 대화는
어느 하나도 빠질 수 없이 중요하다. ✶

일주일에 대화는 몇 번?

부부가 일주일에 한 시간도
대화나 소통을 하지 않는 경우가
비일비재하다는 통계가 실린 기사를 본 적이 있다.
'설마!' 하며 반문하는 사람도 있겠지만
실제 많은 부부가
일주일에 한 시간도 소통하지 않는다.

맞벌이 문화가 일반화되고,
그로 인해 서로 바빠지고
외부 활동 이외에
가사에도 몰입해야 할 일이 많아지다 보니
정작 일은 열심히 해도
서로 간의 대화와 소통은 부족한 것이다.
이런 모습을 실제 상담 현장에서도
자주 접한다.

행복하다고 느끼며 살아가는 부부는
일주일에 서너 시간 정도의 대화와 소통을 한다는 통계도
기사에 함께 실려 있다.
이것을 7일로 나누어 하루 치를 계산하면
30분 정도 할애한다는 계산이 나온다.
그리고 이런 대화와 소통은 일과 관련된 대화뿐 아니라
정서 그리고 성적 대화까지 두루 갖춰졌을 때
부부의 행복감이 높았다.

이 통계를 보면서 부부의 대화와 소통에는
시간 못지않게 빈도도 중요하다는 걸 알았다.
한 번에 서너 시간씩 대화하는 것도 좋지만,
그보다는 매일 조금씩 소통하는 것이
더 효과적이라는 것이다.
음식을 하루에 한 달 치를 한꺼번에 먹을 수 없듯이
대화도 그렇다.
모아 두었다가 한 번에 얘기하기보다는
수시로 대화하는 것이 부부 사이에서 발생할 수 있는
부적절한 문제를 줄이거나 해결할 수 있는 방법이다.

이는 부부의 대화와 소통에만 해당하는 것이 아니다.
부모와 자녀 사이도 마찬가지다.

자녀와 일주일에 한 번 혹은
어쩌다가 한 번 시간을
몰아서 대화하기보다
매일 20분이나 30분 정도 대화를 나누는 것이
더 효과적인 경우를 자주 보았다.
결국 강도보다 빈도가 중요했다.

부부의 대화와 소통이 부족한 요즘,
큰 문제가 발생했을 때
본래 큰 문제였다기보다는 소통 부족으로
작은 문제를 큰 문제로 만드는 경우가 더 잦다.
여기에 의사소통 방법까지 부실하면
문제는 총체적 난국이 되어 버린다.

어떤 이유로든 부부가 대화를 서서히 줄이다 보면
어느 순간 소통 자체가 어색하거나
잘 되지 않는 경우가 발생한다.
지금 결혼생활을 하고 있다면 어떤 상황이 오더라도
반복적이고 지속적인 소통의 끈을
놓아서는 안 된다. 놓는 순간
우려하는 일이 시작된다.

모든 사람이 바쁘게 살아간다.
문명이 발달할수록 사람에게
더 많은 자유시간이 주어질 것 같지만,
오히려 빨라진 속도감 속에서 더 많은 일을 해야 하는
모순적인 상황에 빠지기도 한다.

부부는 소통을 위한 별도의 시간을
마련하는 지혜가 필요하다.
남는 시간을 활용하려고 하다 보면
오붓한 부부만의 시간은 결코 확보되지 않는다.
하루하루 바쁘게 살아갈수록
시간을 미리 마련하고 더 소통해야 할 것이다.

행복은 주어지는 것이 아니라
만들어 가는 것이다.
누구나 그 과정은 그리 녹록지 않다.

행복은 과제를 하나씩 구조화하고
이를 실천할 때
비로소 만들어진다.
대화와 소통은
이때 가장 중요한 요소가 된다. ✦

서술과 해석 사이

우리는 대화를 하면서 서술과 해석을 사용한다.
서술은 말 그대로 자신이 본 것을
있는 그대로 말하는 것이고,
해석은 서술된 내용에 자신의 경험과 생각을
가미해 말하는 것이다.

서술과 해석이 적절히 섞인 대화와 소통을 할 때
상대방을 설득할 수 있고
상대방에게 자신을 이해시킬 수 있다.

갈등이 심한 부부를 보면 서술과 해석을
무분별하게 섞어서 사용하는 경우가 많다.
서술을 해야 할 때 해석을 해 버리거나
해석을 해야 할 부분에서는 서술만 하고 끝내는 식이다.
답답한 상황이다.

수많은 말이 오고 가지만 정작 마음은 스크래치를 입는다.
답답함과 상처가 점점 커지면
분노로 표출되기도 하고 우울해지기도 한다.
대화와 소통을 하자고 해 놓고는
분노와 우울로 끝내 버리는 것이다.

이런 경험이 쌓이고
이로 인한 부정적 학습효과가 커지면
부부는 점점 대화에 대해
두려움을 느끼거나 스트레스를 받게 된다.
대화를 하다 보면 더 싸울 것 같고
더 미워할 것 같으며
자칫 부부관계가 파국을 맞을 것 같으니,
차라리 말을 하지 않는 편이 더 낫고
대화를 줄이는 게 더 나을 거라는 메시지를
무의식적으로 서로에게 전달하게 된다.
결국 파국을 향해 가는 방법을 선택하는 것이다.

대화하는 법도 배우고 익혀야 한다.
특히 서술과 해석에 대해 제대로 배워야 한다.
우리는 과거의 선입견과 고정관념으로
뭐든지 빨리 해야 하는 삶을 살아 왔다.

그러다 보니 하나를 보면 열을 안다는 말처럼
하나를 보면서 열을 추론하거나
미리 해석해 버리는 경향도 강하다.
대화를 하면서도 "결론이 뭔데!"라는 말을
서슴없이 내뱉기도 한다.

서술과 해석을 잘 혼용해서 활용하려면
연습이 필요하다.

가끔 상담할 때 이런 것을 연습하고 훈련하기도 한다.
서술카드와 해석카드를 부부가 나눠 갖고
서술이 필요할 때 해석을 하면
해석카드로 경고를 주고
반대로 해석을 해야 하는데
서술을 하면
서술카드로 경고를 주는 식이다.

이를 통해 서술과 해석을 어떻게 구분하는지
얼마나 자주 무의식적으로
잘못 사용하는지 알 수 있다.

지금 어떻게 대화와 소통을 하고 있는가?
서술만 늘어놓는가,
아니면 해석만 늘어놓는가?

서술과 해석이 부딪혀서
분쟁의 불씨, 갈등의 불씨가 되고 있진 않은가?

쉬운 것 같으면서 어려운 것이
바로 서술과 해석이다.

잘못된 이중 메시지

민철 씨 부부는 어제저녁 크게 한 판 다퉜다.
민철 씨는 홧김에 집을 나와 술을 마시고 외박을 했다.
집에 돌아오자 아내의 분노가 폭발했고
어제의 싸움이 오늘의 더 큰 싸움으로 확대되었다.
원인은 두 사람의 부적절한 의사소통에 있었다.

민철 씨가 아내에게 친구들과 여행을 가고 싶다고 하자
"코로나 시대에 무슨 여행을 가!"
"가족은 집에서 꼼짝도 못 하는데"
"자기만 친구랑 여행을 가겠다고?"
라고 아내가 화를 냈고, 이에 민철 씨도 화가 난 것이다.
그러다 싸움 막판에 화를 주체하지 못한 아내가
한마디 더 했다.

"당신 마음대로 해!"

이 말에 민철 씨는 자기 마음대로 친구를 만나서
술도 마시고 외박도 해 버렸다.
다음 날 귀가 후 다시 시작된 부부싸움에서 민철 씨는
"당신이 마음대로 하라고 해서 마음대로 했는데 뭐가 문제냐!"
라고 쏘아붙였고 이에 아내는
"내가 마음대로 하라고 한 말이 정말 그러라는 뜻이겠냐!"
라고 맞서면서 '마음대로 하라'는 말이
부부싸움의 불쏘시개로 쓰이게 된 것이다.
유치한 부부싸움 같지만 이 대화 속에 배워야 할 것이 있다.
이중 메시지다.

상담을 진행하면서 만나는 부부 중에는
이중 메시지를 사용하는 경우가 많다.
신호등에 붉은 등과 푸른 등이 동시에 켜진 것처럼
상대방에게 혼란스러운 메시지를 주는 것이 이중 메시지다.
'설마 그런 경우가 있을까?' 하고 반문하는 사람이 있겠지만,
유감스럽게도 부부의 생활을 관찰해 보면 빈번하게 일어난다.

이중 메시지의 문제점은 듣는 사람에게 혼란을 준다는 것이다.
서로 상반되는 메시지를 줌으로써
듣는 사람에게 혼란을 일으킨다.

여기에는 메시지와 메시지 사이의 불일치도 있을 수 있고,
메시지와 표정의 불일치도 있을 수 있다.
기쁘다고 말하면서 화를 내거나
앞의 사례처럼 마음대로 하라고 해서 뭔가를 했더니
비난하는 것이 바로
이중 메시지의 대표적인 사례다.

평소 감정이 안정적이고 삶이 평안할 때는
이중 메시지를 사용하지 않는다.
감정이 요동치고 서로에 대한 부정적 정서가
차고 넘치게 되면, 서서히 이중 메시지를
의식적 혹은 무의식적으로 사용하기 시작한다.
그래서 상대방을 더욱 혼란스럽게 만들기도 하고
힘들게 하기도 한다.
대표적인 사례가 이혼하겠다고 호언장담하던 배우자가
정작 법원에 가자고 하면 가지 않겠다고 하는 경우다.

이런 이중 메시지는 불신감을 키우고,
서로의 말에 대한 권위를 떨어뜨리며
상대방의 각종 표현에 대해 무감각해지게 함으로써
소통에 장애를 일으킨다.

이중 메시지를 자주 사용하는 사람을 보면
스스로 터득했다기보다
부모에게서 배우고 익힌 것을 자신도 모르게
배우자나 자녀에게 사용하는 경우가 많다.

이중 메시지는 듣는 사람의 화를 돋우는 역할을 한다.
이렇게 해도 혼나고 저렇게 해도 혼난다면
듣는 사람은 진퇴양난에 빠지는 셈인데
이 경우 가장 많이 보이는 반응이
분노다.

희한한 것은, 이런 상황에서 화를 내면
이중 메시지를 전달한 사람이
오히려 자신의 실수를 인정하기보다는
화내는 상대방을 더 비난하고 공격한다는 것이다.

남을 탓하기에 앞서
자신의 언어 습관을 잘 살펴보아야 한다.
의도와 관계없이 이중 메시지를
자주 사용하고 있지는 않은지
스스로 돌아보아야 한다. ✱

위험한 신호, 섹스리스

결혼 삼 년 차 부부가 상담하러 왔다.
이혼하겠다며 찾아온 부부의 문제는 성에 관한 것이었다.
결혼 전에는 아무 문제 없이 성관계를 가졌는데
결혼 후부터 점점 성관계가 사라졌다는 것이다.
양가 부모는 자녀를 언제 가질 거냐고 자꾸 묻는데
막상 부부의 성관계가 없다 보니
이런저런 스트레스를 받는 상황이었다.
부부가 각자 친구들에게 이런 속사정을 털어놓자
"아이가 없을 때 이혼을 하는 것이 좋다"
라는 조언이 다수였다고 한다.
부부는 지푸라기라도 잡을 심정으로 상담을 신청했다.

최근 들어 혼전에는 성적 활동이 왕성하다가
결혼 뒤에 오히려
섹스리스로 살아가는 부부가 늘고 있다.
여기에는 여러 가지 이유가 있다.

연예 기간이 길어지면서 서로에 대한 호감이나 신비감이
사라져서 그런 경우도 있고
성적 장애로 인해 성관계가 원활하지 않은 경우도 있다.
또 현재 생활환경이 부부만 오붓하게 살 수 있는
여건이 안 되어 마음 놓고 성관계를 하지 못하다 보니
섹스리스가 된 경우도 있고
부부의 수면 패턴이 다르거나 코를 고는 등의 문제로
분방을 하다 보니 자연스럽게 섹스리스가 되는 경우도 있다.
출산 후 부부의 성관계에 대한 욕구가 사라져서
배우자의 요구를 거부하다 보니
자연스럽게 체념과 포기를 하면서 살아가는 부부도 있다.

이런 가운데 두 사람 중 한 사람이라도
부부의 성관계 욕구가 강할 경우
섹스리스 부부는 여러 가지 부작용과 스트레스를 겪는다.
큰 틀에서 언급하면 부부의 자존감에 상처와 아픔을 주면서
그로 인한 부적절한 일들이 벌어지게 된다.
야한 동영상에 중독되는 사람부터 외도하는 사람들까지
다양한 현상들이 벌어진다. 또는
'내가 성적 매력이 없어서 그런가?'
하고 생각하는 경우 자존감이 떨어지면서
우울하고 무기력한 부부의 삶을 살아가기도 한다.

특히 부부의 성관계는 섹스라는 기능만 있는 것이 아니라
부부의 성적 대화와도 관련된 것이기에
이 부분에서 부족함이나 결핍을 느끼면
다양한 문제가 꼬리에 꼬리를 물고 일어날 수 있다.
부부가 합의했다면 모를까,
한 사람의 일방적인 거부로 섹스리스가 된 경우라면
오해의 신호를 배우자에게 보낼 수 있다.
배우자에게 성적 매력이 없다는 신호를 줄 수도 있고
외부에서 성적 문제를 해결하고 오는 것은 아닐까 하는
의심으로 배우자를 감시하거나 검열하거나 통제하는 등의
문제가 발생할 수도 있다.
또한 성적 욕구를 잘 다스리지 못할 경우
이것이 촉발요인이 되어 가정폭력이 일어날 수도 있고
자녀를 가지고 싶은데 임신을 하지 못해
부부관계가 파국을 맞기도 한다.

따라서 섹스리스의 징조가 보이는 부부라면
상담을 통해 그 원인과 해결책에 대해
전문가와 함께 탐색해 보고 분석해 볼 필요가 있다.

부부가 성관계만을 위해 결혼한 것은 아니지만
성관계는 부부 사이에 매우 중요한 문제다.
이런 부분에 결핍이 생기면 엄청난 고통을 감수해야 한다.

솔직히 성적 문제를 아무에게나 속 시원히 털어놓을 수는 없다.
각자의 자존감과 자존심이 걸려 있고
부부의 은밀하고 사적인 부분을 외부에 노출하는 것이기에
수치스럽고 부끄럽게 여겨질 수도 있다.
대부분의 부부는 성적 문제가 있어도
이를 감추며 쉬쉬하는 경향이 강하다.
그러다 보니 성격 문제로 이혼하는 것이 아니라
성적 문제로 이혼한다는 얘기까지 나돌 정도다.

섹스리스는 그 무엇보다
이를 해결하려는 부부의 태도가 중요하다.

문제를 숨기는 것은 절대 해결방법이 아니다.
적극적으로 함께 방법을 찾을 때
비로소 해결의 실마리를 얻을 수 있다. ✱

자존감 낮은 부부의 모습

개인이든, 부부든, 가족이든 각각의 자존감이 존재한다.
개인의 자존감도 중요하지만
부부의 자존감도, 가족의 자존감도 중요하다.
자존감은 심리적 면역력이라서
건강하고 높으면 웬만한 문제와 갈등 앞에서도
좌절하지 않고 극복하고 회복하는 힘을 발휘한다.

남녀는 서로 자존감이 비슷한 사람끼리 만나는 경향이 있다.
즉 자존감이 건강하고 높으면
그런 사람을 만날 가능성이 높다.
반대의 경우도 마찬가지다.

자존감은 고정된 것이 아니라
언제든 변할 수 있다.
그만큼 자존감을 잘 관리하고
유지하는 것은 매우 중요한 문제다.

부부가 살다 보면 이런저런 일이 발생하고
그 와중에 다투고 싸우다 보면 부부의 자존감도 요동친다.

자존감이 하락하기 시작하면
부부 사이에 다양한 모습이 나타난다.
언행이 거칠어지고 감정조절에 어려움을 겪게 된다.
배우자가 화를 자주 내고 분노를 잘 조절하지 못한다면
이는 그 사람의 성격일 수도 있지만
자존감이 낮아서 벌어지는 현상일 수도 있다.
문제는 이런 사람과 오랫동안 함께 살다 보면
배우자도 같은 성향을 갖게 된다는 것이다.

즉 자존감이 낮은 사람과 결혼해 살면
배우자도 자존감이 하향평준화되면서
비슷한 모습을 보이게 된다.

이때부터 부부는 유아기적 의사소통이나 상호작용을 하게 된다.
이에는 이, 눈에는 눈 식으로 말다툼이 벌어지면서
유치한 다툼과 싸움을 하게 된다.
상대방을 비난하는 것을 넘어 조롱하고 비아냥거리며
무시하거나 혹은 분노를 유발한다.

여기에 욕설이 난무하고 비인격적인 표현으로
상대방의 자존감을 떨어뜨리기도 한다.
그러면서 벌어지는 현상 중 하나가
"당신이 먼저 시작했잖아"
라며 시시비비를 가리고 다투는 모습이다.

이런 모습이 자녀 앞에서 여과 없이 노출되기도 한다.
자신의 감정에만 몰입하다 보니 자녀 앞에서
조심해야 한다는 것을 알면서도
망가진 모습을 보이는 것이다.

결국 부부의 자존감이 낮으면 자녀도 그 영향을 받는다.
실제로 자존감이 낮은 아이를 상담해 보면
부부의 자존감이 낮은 경우가 많다.

아무리 좋은 부모가 되기를 원해도
부모의 자존감이 낮으면
자녀의 자존감까지 낮아질 수밖에 없다.

좋은 부모가 되려면
자존감부터 높여야 한다.

자존감을 잘 유지하려면
부부의 자존감이 어떤 상태인지
수시로 탐색하는 지혜가 필요하다.

이때 배움의 수준이나 재산 유무는
별 영향을 미치지 않는다.
자존감에 영향을 미치는 것은
심리적, 정서적 안정감의 정도,
그리고 성숙도의 차이다.

부모 자신과 자녀의 자존감을 높이고 싶다면
가장 먼저
심리적, 정서적 성숙도를 통찰해 보아야 한다.＊

내 배우자의 자격지심은?

요즘은 대부분이 맞벌이라 할 정도로 맞벌이 부부가 대세다.
덕분에 가정경제가 풍요로워지긴 했지만
다른 한편으론 부작용이 일어나고 있다.
바로 부부 사이에 존재하는 자격지심이다.
아내가 남편보다 벌이가 좋은 맞벌이 부부 사이에서
묘한 현상이 벌어지곤 한다.
이른바 남편의 자격지심이다.
혹은 벌이가 좋은 아내가 남편의 자격지심을
부추기는 언행을 하기도 하고 경제적 능력을 기반으로
부부관계가 갑을관계처럼 형성되기도 한다.

자격지심의 상대어를 꼽으라면 아마 자존감일 것이다.
자존감이 낮아지면 두 가지 현상이 나타난다.
자존심으로 버티는 경우가 한 가지요,
자격지심으로 위축되는 경우가 나머지 한 가지다.
두 가지 모두 삶에 큰 보탬은 되지 않는다.

부부상담을 하는 과정에서
위축된 남편이나 아내를 보면
자신의 능력과는 별개로 자격지심이 높은 경우가 많다.

'나는 못났다'
'나는 잘하는 것이 없다'
'나는 나쁜 남편/아내 같다'

등으로 부정적 내부 귀인을 하면서 배우자에 대해
부러움 반, 질투 반의 양가감정을 나타내기도 한다.
그리고 상대방을 평가절하하기도 한다.

"돈만 많이 벌어 오면 뭐해요?"
"가사에는 관심도 없고 저에게도 관심이 없는데요"
"아이에게 관심도 안 주는데, 경제 능력만 있으면 다예요?"

하면서 상대방을 평가절하한다.
바로 자격지심으로 인해 왜곡현상이 벌어진 것이다.

자격지심은 어느 한순간에 생기지 않는다.
어린 시절부터 성장하는 과정에서
지속해서 자격지심을 가질 수밖에 없는 환경에 노출되면

자격지심의 싹이 마음 한구석에 자리하면서 자라게 된다.
결혼 상대를 선택할 때도
자신보다 못나거나 반대로 잘난 사람을 찾아서
함께 묻어가려고 한다.

어릴 때부터 심한 경쟁에 노출되면 자격지심을 갖기 쉽다.
남들보다 조금만 처지면
'나는 못난 사람',
'나는 할 줄 아는 것이 별로 없는 사람'
이라는 인식이 무의식적으로 생겨서
스스로 낙인을 찍거나
부모로부터 낙인찍히는 상황에 빠지게 된다.
이런 일에 자주 노출되면
결혼생활도 낙인의 영향을 받을 수밖에 없다.

자격지심에 빠지기 싫다면
상대방의 능력을 정당하게 평가하고 대우하며
자신의 가치를 인정하는 용기가 필요하다.

자격지심은 비교에서 시작한다.
특정한 상대방과 자신을 비교하다 보니
스스로 부족하고 열등해 보이는 것이다.

모든 사람에게는 자기만의 강점이 있다.
배우자의 이런 가치를 제대로 평가한다면
부부 사이에 자격지심은 현격히 줄어들 것이다.

배우자가 발전하고 성장하는 것에 대해
굳이 열등감을 가질 필요는 없지만
만약 열등감이 느껴진다면
평생교육을 지향하는 현대사회이니만큼
자기계발이나 자아실현을 위한 공부를 하거나
원하는 교육을 받으면 된다.

만약 결혼 후에도 자격지심이 무럭무럭 자라고 있다면
자존감이 자랄 수 없는 환경에 놓여 있을 확률이 높다.

곡식과 잡초가 함께 자라기 어렵듯
좋은 열매가 맺기를 바란다면
환경을 바꾸는 방법 등으로
잡초와 같은 자격지심을 줄이려는 노력이 필요하다. ✶

부부 사이의 호칭

이름은 주로 사람을 구분하는 데 쓰이지만
정확하게는 그 사람의 정체성과 연관된다.
모든 부모가 자녀에게 좋은 이름을 지어 주려는 이유다.

결혼 후 이름이 사라졌다는 부부가 있다.
자녀가 태어나면서
'누구 아빠', '누구 엄마'와 같은 호칭이 쓰이면서
실제로 이름을 잃어버리는 경우다.
이보다 더 최악은 부부 사이에 이름도 아니고 그렇다고
여보 당신 같은 호칭도 아닌 것을 사용하는 경우다.
'어이', '야', '너' 등 그 종류도 다양하다.
부부상담에서 이런 경우를 흔히 볼 수 있다.

남편이나 아내를 가리키면서
'저 사람이요' 혹은 '쟤는요' 하는 표현을 사용한다.
어찌 보면 상대방을 하대하거나 무시하는 것과 같다.

부부 사이의 정서적 관계가 허물어지다 보니
호칭에도 그 영향이 작용한 것이다.
하지만 이런 표현이 정서적 관계에 좋다, 나쁘다를 떠나
비인격적이라는 것을 알고 있는지 묻고 싶다.

반려동물에게 누군가가 '똥개'니 '바보'니 하면
주인은 당연히 불쾌할 것이다.
하물며 사람은 어떨까?
상대방의 인격과 성격을 떠나서
사람은 모두 존귀한 존재인데
부부관계에 먹구름이 끼었다고 해서
하대하거나 무시하는 듯한 표현을 사용한다면
당장 감정적으로는 카타르시스가 느껴질지 모르나
결과적으로는 두 사람의 관계가 더욱 악화될 수밖에 없다.

호칭의 이런 비인격화는 부부생활에
결코 도움이 되지 않는다.
안타깝게도 이런 호칭을 사용하는 부부가 많다.
권위주의적이거나 남성중심적인 남편이 아내를 대할 때
또는 남편에게 묵혀 둔 감정이 많은 아내의 경우
호칭에서 이런 습관을 보인다.

부부관계가 건강하기 위해서는
배우자의 인격과 정체성에 흠이 되는 언행은 삼가는 것이 좋다.

호칭은 상대방과 교류하는 데 있어 관문이다.
일명 출입구다.

집에 놀러오라고 하면서, 한편으로는
출입구를 막아 놓고 들어오라고 하면 어떨까?
누가 봐도 상대방을 골탕 먹이는 꼴이다.
호칭이 바로 그렇다.

부부 사이에는 적당한 호칭이 필요하다.
가장 좋은 호칭은 배우자의 이름을 불러 주는 것이다.

배우자가 자기 이름에 대해 부정적인 생각이 없다면
어릴 때부터 불려 온 이름을 불러 주는 것이
배우자의 정체성 확립에 도움이 된다.
연애 때는 다정하고 사랑스러운 목소리로 불렀을
배우자의 이름을 자녀가 태어나도 계속 불러 준다면,
부부의 정서가 안정적으로 이어지지 않을까 싶다.

감정이 요동치는 부부싸움을 할 때는 어떤가?

'야', '어이', '너'와 같은 막말보다 '○○ 씨'라고 말문을 열고
차분하게 말하면서 자신의 감정과 생각을 드러낸다면
상대방을 자극하지 않고 의견을 전달할 수 있을 것이다.
그리고 첫 관문이 호칭이다.

배우자에게 적절한 호칭을 사용하는 것이
좋은 또 다른 이유는
자녀가 부모의 이름에 대한 기억과 함께
좋은 인상을 내면화할 수 있기 때문이다.

지금 부부의 호칭은 무엇으로 사용하고 있는가?

그 호칭에 대해 서로 만족하는가?

그렇지 않다면
지금부터 호칭을 정리해 보는 게 어떨까?*

결혼하는 이유

행복하기 위해 결혼한다는 것은
결혼 사유의 하나일 수 있다.
그런데 이보다 더 중요한 것이 있다.

'성숙하기 위해 결혼하는가?'

라고 질문하는 부부가 있을까?

결혼하는 이유는 여러 가지다.
혼자 살기 힘들거나 싫어서 하는 사람도 있고
부모의 결혼생활이 좋아 보여서 하는 사람도 있다.
반대의 경우도 있다.
부모의 결혼생활을 보면서
'저렇게 살려면 나는 하지 않겠다'
라고 생각하기도 한다.

대부분 행복하기 위해 결혼한다지만
기왕이면 여기에 한 가지를 덧붙이면 어떨까 싶다.
즉 성숙하기 위해 결혼하는 것이다.

자녀를 갖는 일도
결혼했으니 자녀가 있어야 한다는 것보다
더 성숙해지기 위해 갖는다고 하면 어떨까.

이 부분을 간과한 탓에
결혼생활을 힘든 삶의 과정으로 여기는 부부가 많다.
결혼 후 미숙함을 넘어 성숙함으로 갔을 때
자녀에게 좀 더 나은 롤모델이 될 수 있는데
부모가 성숙함으로 가지 못하니
자녀에게 좋은 결혼생활의 롤모델이 되지 못하는 것이다.
심지어 가정폭력이나 각종 중독 혹은 외도 등
가정 문제를 발생시켜서 롤모델은 차치하고
부적절한 모습만 보인다면
배우자는 물론 자녀에게 상처와 아픔만 줄 뿐이다.
매우 미숙한 모습이 아닐 수 없다.

결혼생활은 누구나 처음 가는 길이다.
재혼의 길도 마찬가지다.
이미 전혼생활을 해 봤으니
잘 할 수 있으리라는 생각은
희망 사항일 뿐이다.

재혼 관련 부부상담의 경우
초혼이나 전혼생활에서의 실수를
재혼생활에서 반복하는 경우가 많다.

분명 전혼생활의 실수를 반복하지 않을 것을
장담하며, 재혼했는데
동일한 실수를 저질러 재이혼으로 이어지는 것이다.

결혼생활은 누구에게나 새로운 길이다.

부모의 결혼생활을 벤치마킹하고
주변 형제자매나 지인의 생활을
벤치마킹한다고 해서
자신의 결혼생활에 문제도 어려움도 없으리라 생각하는 것은
지나친 자만이다.

삶은 비슷할 수는 있다.
하지만 모두 새롭다.

삶에는 수많은 변수가 있고
사람마다 대처하는 방식에 차이가 있다.
그로 인한 해석과 학습에도 차이가 있다.

다만 결혼생활을 통해 다다를 수 있는 목표점이 있다면
결혼생활을 통한 성숙함이다.

이런 성숙도가 높으면 높을수록
삶에 대한 만족감과 행복감은 올라간다.

이제라도 결혼하는 이유로
행복 못지않게 성숙도 함께 갖춰 보면 어떨까?

이를 위해서는 무엇보다
부부가 함께 그리고 각자의 노력이 필요하다.
행복한 결혼생활 그리고 성숙한 결혼생활이
무엇이며, 그 방법은 어떤 것인지 알았다면
남은 것은 실천하려는 노력뿐이다.

요즘 부부 관련 책이 참 많다.
책의 도움을 받아도 좋고,
부부상담이나 교육의 도움을 받을 수도 있다.

세상에 공짜가 없듯이,
행복해지고 성숙해지는 데도 공짜는 없다.

시간과 노력의 투자
상황에 따라서는 경제적 투자까지 필요하다.

그 효과와 가치가 자신이 투자한 것보다
더 많을 것이라는 믿음으로
한번 투자해 보는 게 어떻겠는가. ✱

결혼생활의 의미 찾기

사람은 이득이 되지 않는 일은 하지 않으려는 경향이 강하다.
좋은 일이든 나쁜 일이든 이득이 되지 않으면 포기한다.
도둑질이 나쁘다는 것을 알면서도
자신에게 이득이 생긴다면 하기도 한다.
또한 아무리 좋은 일도 이득을 따질 수 있다.

그러면 결혼생활에서 이득은 무엇일까?
많은 것이 있겠지만 나는 의미라고 생각한다.
즉 결혼생활에 의미가 있느냐 없느냐에 따라
결혼생활을 성실히 그리고 열심히
할 것인지 아닐지를 결정한다고 본다.

여기에서 한번 물어보고 싶다.
당신의 결혼생활에는 어떤 의미가 있는가?
그냥 나이가 차서, 주변에서 시집가라 장가가라 해서
결혼했는가?

혹 지금 마지못해 결혼생활을 하는가?
부모 때문에 결혼하고, 자녀 때문에 억지로 살아가는가?

결혼생활의 의미를 찾는 것은 매우 중요하다.
이혼을 거론하는 부부를 만나 보면
이런저런 문제로, 성격 차이로 이혼한다고는 하지만
실제로 결혼생활의 의미가 사라진 부부가
불가피하게 이혼하는 경우를 자주 본다.
그만큼 결혼생활에서 의미는 매우 중요하다.

사람들은 의식적이든 무의식적이든
의미가 없는 일을 하지 않으려 한다.
반대로 의미가 있는 일에는
비록 절대 바람직하지 않은 일이라 해도
몰입하고 집착하는 경향이 있다.
그만큼 의미는 매우 중요하다.

의미가 없는 일을 하다 보면
당장은 어쩔 수 없이 하지만
시간이 지나고 나면 후회나 자책을 하게 되는 부작용이 생긴다.
의미도 없는 일을 붙잡고 살아 온 자신이
스스로 한심하고 어리석어 보이기 때문이다.

가끔이라도 결혼생활의 의미를 찾아보고
그 의미를 잘 살리는 결혼생활을 해 갈 필요가 있다.
이를 위해서는 부부의 의사소통이 매우 중요하다.
결혼생활에 대한 의미를 함께 나누면서
특정 목적지를 향해 날아가는 비행기의 조종사와 부조종사처럼
서로 협의하고 협력하는 지혜가 필요하다.

결혼생활의 의미를 찾는 것은
단순한 문제가 아니라 철학적인 문제다.
삶의 의미와 같이 거시적이고 심오한 가치관이 묻어 있는
질문을 던지는 것과 같다.
한 개인이 자신에게 던지는 질문이라기보다
부부가 한 팀이 되어 던지는 질문이라 할 수 있다.

이런 질문 앞에서는 진지하고 솔직한 의사소통이 필요하다.
한 사람의 의견에 억지로 끌려가는 소통이 아니라
서로 차분하게 자신의 생각과 관점을 내놓고
그 속에서 서로 이해하고 타협하는 등의 소통이 필요하다.
간혹 어느 한 사람이 다른 사람에게 의존하거나
종속된 부부의 경우 결혼생활에 대한 의미 찾기에서도
일방적이거나 편향적인 모습을 보인다.
결코 건강한 모습이 아니다.

결혼생활에 대한 의미 찾기에는
부부의 원활한 소통이 전제되어야 한다.

이런 부부의 모습은 자녀의 존경을 받고
자녀가 성인이 되었을 때
결혼에 대한 선택과 건강한 결혼생활을
부모와 함께 영위할 수 있게 해 준다.

꼭 결혼해야 하는 것은 아니지만
적어도 결혼할 의사가 있다면
부모의 결혼생활은 자녀에게 롤모델이 되어야 한다.

이혼 관련 부부상담을 하다 보면
결혼생활에 의미가 없는데도 부모 때문에
또는 자녀 때문에 억지로 산다는 부부를 자주 만난다.
불행이란 이런 경우가 아닐까 한다.

뒤늦게라도 결혼생활에 대한 의미를 찾게 되면
그때부터라도 행복한 결혼생활을 할 수 있으니
너무 좌절하거나 실망하지 않았으면 좋겠다.

의미는 누가 주는 것이 아니라
부부가
함께 부여하는 것이다.

혹시
의미 없는 결혼생활을 하고 있다면
지금이라도 의미 찾기를 해 보자. *

부부의 매뉴얼

물건을 사면 매뉴얼이 딸려 온다.
매뉴얼은 물건을 정확하게 효과적으로
사용할 수 있도록 도와준다.
만약 최첨단 시스템을 갖춘 고급 자동차를 탈 때
매뉴얼을 숙지하지 않는다면
그 기능을 제대로 사용할 수 없을 것이다.

결혼생활은 어떠한가?
결혼생활에 대한 매뉴얼을 갖고 있는가?
있다면 어떤 매뉴얼인가?
없다면 언제 만들 것인가?

결혼 준비에 시간과 돈, 노력은 많이 투자하면서
정작 결혼생활에 대한 매뉴얼 만들기에는 소홀하다.
매뉴얼이 없다 보니 문제가 발생하지 않으면
무탈하게 사는 것 같은데 정작 문제가 발생하면 당황하게 된다.

그리고 문제를 해결하기는커녕 이런 당혹감에 휩싸여
문제해결이 불가능하다는 생각이 들면
책임소재만 따지면서 서로 다투고 싸우기 시작한다.
일명 희생양을 찾는 것이다.
그리고 책임소재를 두고
상대방을 집중적으로 공격하고 비난한다.
책임을 전가하려는 것이다.
근본적으로 결혼생활에 대한 매뉴얼이 없어서 벌어진 상황인데
이게 다 상대방 탓이라는 의미 없는 말을 반복하며
배우자를 공략한다.

이런 일이 반복되면 서로에 대한 원망과 불신이 쌓여 간다.
개인적으로는 좌절과 실망을 느끼면서
결혼생활에 대한 불만족이 마음을 채우게 된다.
어떤 경우에는 문제해결 방법으로 도망가는 방법,
즉 이혼을 선택하기도 한다.
회피와 도피를 선택한 것이다.

부모에게서 받은 매뉴얼을
자녀가 그대로 답습하는 경우도 있다.
그 매뉴얼 중에는 남편이 아내를 억압하거나
그 반대인 것도 있다.

부부가 상대방을 억압하는 매뉴얼을 따라간 경우
그것을 보고 자란 자녀가 부모의 삶을 답습하면서
부부관계에 먹구름을 만들기도 한다.

매뉴얼은 시대에 따라 업그레이드되어야 한다.
부모 세대와 자녀 세대 사이에는 시간 차도 벌어지고
주어지는 환경도 다르다.
동일한 매뉴얼을 그대로 답습하는 것은
일정 부분 효과적일 수 있지만
새로운 것에 대한 보완과 업그레이드가 되지 않으면
오히려 방해가 될 수 있다.

부부 사이에 어떤 매뉴얼을
갖고 있느냐는
매우 중요한 문제다.

일정 부분 모든 부부에게
동일하게 적용되는 매뉴얼도 필요하지만
부부의 상황만을 반영한
별도의 매뉴얼도 있어야 한다.

따라서 부모의 매뉴얼을 그대로 답습하는 것은
지혜롭지 못하고 비효과적이다.

더 최악의 결혼생활은 매뉴얼 자체가 없는 경우다.
매뉴얼이 없기에 다른 사람의 의견이나 언행을 차용하면서
몸에 맞지 않은 옷을 입고 살아가는 것이다.

결혼생활은 사랑 하나만 가지고 가능한 것이 아니다.
사랑과 정, 친밀감 등 다양한 정서적 요소도 필요하지만
그것 못지않게 매뉴얼도 필요하다.
모든 경우를 다 아우르는 매뉴얼은 없지만
적어도 중요한 것들을 모아 놓은 매뉴얼은 필요하다.
법체계의 예로 들면 헌법과 같은 것이다.
이런 매뉴얼을 만들기 위해서는
부부의 원활한 의사소통이 기본 전제가 되어야 한다.

부부만의 결혼생활 매뉴얼이 있는가?
여기에 대해 답을 내놓지 못한다면
잔잔한 바다 같은 시기에는 결혼생활이 큰 문제가 되지 않지만
큰 폭풍이 몰려오는 시기에는
당황하거나 두려움에 빠질 수 있다. ✴

부부싸움의 룰

진철 씨 부부는 싸움을 벌였다 하면 한바탕 난리가 난다.
한마디로 가정폭력이다.
처음에는 말로 위협하는 정도지만
감정이 좀 더 요동치면 물건을 부수고
더 나아가면 상대방에게 폭력을 가하기도 한다.
경찰이 출동한 적도 몇 번 있었다.
주변에서 아직도 이혼하지 않고 사는 게
참 신기하다고 할 정도다.
부부에게는 이제 십대에 접어든 자녀가 두 명 있다.
자녀는 부모의 다툼과 싸움에 무감각하다.
어렸을 때는 약한 쪽에 서서 부모의 다툼을 말리던 아이들이
이제는 강 건너 불 보듯 무뎌진 것이다.
그러나 부부는 알고 있었다.
아이들의 마음속에 상처와 아픔이 자라고 있다는 것을.
하지만 피상적으로 알 뿐 부부싸움에 태연한 아이들의 태도에
그런 사실을 개의치 않았다.

그러다 첫째 아이의 죽고 싶다는 말에 놀라서
부부상담을 신청했다.
첫째 아이 때문에 임하게 된 상담이었지만 나중에 알고 보니
아이의 부모, 즉 부부가 더 큰 상처와 아픔을 갖고 있었다.
룰 없이 다투고 싸우는 부부의 전형적인 모습이었다.

격한 운동 중 하나인 격투기에도 규칙, 즉 룰이 있다.
선수들이 해도 되는 것이 있고, 해서는 안 되는 것이 있다.
당연히 부부싸움에도 룰이 있다.
다만, 룰을 아직 세우지 못한 부부가 있고
룰이 있어도 그것을 제대로 지키지 않는 부부가 있을 뿐이다.
특히 후자는 부부싸움이 감정의 지배를 받는 탓에
룰 적용에 실패하는 경우다.

어쨌든 부부싸움에는 룰이 필요하다.
호칭과 관련된 룰이 있을 수 있고
시간과 관련된 룰이 있을 수 있다.
아무리 화가 솟구쳤다 해도
룰 없이 부부싸움을 하다 보면 관계는 더 악화된다.
부부싸움의 의도가 사랑이었다 해도
결과는 의도와 무관하게 다른 곳을 향해 달려갈 수 있다.

이 세상에 부부싸움 하지 않는 부부는 없다.
심리상담사 부부도 부부싸움은 한다.
부부싸움을 관찰해 보면
있는 사람은 있는 것 때문에 싸우고
없는 사람은 없는 것 때문에 싸운다.
그래서인지 부부싸움을 칼로 물 베기라고 하기도 한다.
일리가 아예 없는 말은 아니지만
칼로 물을 베는 일이 수시로 일어나면
그 와중에 생긴 상처와 아픔은 아물지 않을뿐더러
지나가는 물고기에게 피해를 입힐 수도 있고
칼을 잘못 휘두르다 자신의 손과 팔을 다칠 수도 있다.

부부싸움 대부분은 부부 모두에게
상처와 아픔을 남긴다.
이런 상처와 아픔에 최대한 연고를 발라서 감싸 주지 않으면
상처가 상처를 만들고
아픔이 아픔을 낳는
부작용과 후유증에 빠지게 된다.

시간이 지나면서 이런 일이 누적되다 보면
서로를 포기하게 되고
결국 결혼생활을 포기하게 되기도 한다.

또는 화병이 들어 배우자만 생각해도
화가 치밀어 올라 상대방을 공격하거나 비난하고
자녀에게 배우자의 인격을 손상시키는 언행을 하기도 한다.
고래 싸움에 새우 등 터지는 현상이 벌어지는 것이다.
자녀는 부부싸움을 거는 사람도 싫고
다툼에서 피해를 보는 사람도 싫어서
가족에 대해 무심해지거나 무관심해진다.

부부싸움의 룰은
시간의 룰, 주제의 룰, 방법의 룰 등 다양하다.
그중에서도 특히 시간의 룰은 매우 중요하다.

화가 나서 싸움이 벌어지면
밤을 새워가며 시시비비를 따지기도 하고
그래도 분이 풀리지 않으면 각자 출근 후에도
문자 메시지로 에너지를 소진하는 부부도 있다.

이런 패턴이 하루로 끝나면 그나마 버틸 만하지만
하루가 이틀이 되고 이틀이 사흘이 되면
부부는 완전히 소진되고 부부관계의 회복을 위한 기회는
영영 사라져 버린다.
부부 사이에 유리벽, 즉 마음의 벽이 생기는 것이다.

부부싸움을 안 할 수도 없고
안 하는 부부도 없다.

이왕이면 룰을 만들자.

오늘 다 싸웠다고 해서
앞으로 부부싸움이 안 생기는 것도 아니다.

오늘 결론을 냈다고 해서
부부싸움이 안 생기는 것도 아니다.

그러니 부부싸움을 효과적으로 할 수 있는 지혜를 모으자.

나름의 노하우를 확보하고
효과적인 부부싸움을 하는 부부는
싸움 후 부작용과 후유증이 적다.

오히려 부부싸움 후
상대방을 더 명료하게 이해하게 되기도 한다.
반대로 부부싸움 후 침묵하고 벽을 쌓으며
마음의 응어리를 풀지 못해
퇴적층의 암벽을 만들기도 한다.

싸움은 격할수록
품위가 필요하고 룰이 필요하다.

룰이 없으면 부부싸움이 일정 수준을 넘어
폭력으로 변질될 수 있다.

폭력은 어떤 이유로도 설명과 해명이 되지 않는다.

폭력은 큰 상처와 아픔을 낳고,
이를 치유하기 위해서는
더 많은 시간과 비용, 노력이 들어간다. ✱

왜 내가 먼저 해야 해?

상담센터에 전화해서 답답한 마음, 억울한 마음을
호소하며 상대방이 문제라고 주장하는 사람에게
"전화하신 분부터 먼저 상담을 받아 보시면 어떨까요?"
라고 조심스럽게 권유한다.

부부나 가족 중 한 사람으로 인해 나머지 사람이
스트레스를 받을 수도 있지만, 반대로 한 사람의 변화로
다른 사람의 변화를 촉진할 수도 있다.
"설마?"
하고 반신반의하는 사람이 있겠으나
많은 부부상담사나 가족상담사가 같은 주장을 한다.

부부나 가족은 한 개인이 아니다.
하나의 체계다.
이런 체계는 한 사람이 바뀌면
자연스럽게 다른 사람도 그 영향을 받는다.

반대의 경우도 가능하다.
한 사람이 어떤 이유로든 우울하거나 불안해하면
그 부부 혹은 가족도 영향을 받는다.
실제로 아내나 남편이 우울 증상을 보이면
가족 모두가 우울한 분위기의 지배를 받는다.
자녀 중 한 명이 우울해하면 부모도 우울해지는 것과 같다.
여기에 동의한다면, 한 사람의 변화가
부부나 가족의 변화에 영향을 줄 수 있다는 것에 대해
고개를 끄덕일 것이다.

상담센터에 전화를 건 사람에게 상담을 권하는 이유는
그 사람이 가장 많은 스트레스를 받고 있거나
아니면 적어도 변화에 대한 동기가 가장 강하기 때문이다.
만약 그 사람이 상담사의 권유를 긍정적으로 수용하고
이를 통해 부부나 가족의 변화에 촉매 역할을 한다면
그 사람의 기대와 열망은 이루어질 수 있다.
부부가 의기투합해서 상담에 나온 때도 비슷한 말을 해 준다.
이때 두 사람 사이에 참여 자발성의 차이가 있는 경우가 많다.
자발성이 강한 사람이 약한 쪽을 가리키며
"저 사람은 노력도 하지 않는데 왜 나만 노력해야 하나요?"
라고 항변한다.
그럴 때도 자발성이 강한 사람을 설득한다.

당신의 노력이 상대방의 자발성에 더 큰 힘이 될 수 있고
효과 면에서도 당신의 노력이 결코 헛되지 않을 거라고
이해를 시키고 안심을 시킨다.
이를 통해 가지고 있는 자발성이 약화되지 않도록 한다.

상담에서 부부가 동일한 동기부여과 자발성을 갖는 경우는
매우 드물다.
오히려 스트레스를 가장 많이 받거나
상대방이 문제가 많다고 생각하는 등
문제의식을 가진 사람이 상담에 참여하는 자발성이 훨씬 높다.

이 경우 문제해결에 대한 욕구가 높은 탓에
상대방을 공격하거나 비난하거나 혹은 잔소리를 해서
자신의 문제해결 욕구를 채우려는 조급증을 내보이기도 한다.
또 상대적으로 자신보다 덜 노력하는 상대방으로 인해
변화의 동기를 포기하거나 철회하기도 한다.
상황이 이렇게 되면 부부의 문제해결은 더 멀어질 수밖에 없다.

상대방의 자세와 태도도 중요하지만
이런 측면의 불만이 있다면 부부상담사에게 도움을 요청하고
상대방이 좀 더 자발적으로 상담에 임할 수 있도록
함께 노력해야 한다.

한편으로는 스스로 가지고 있는 변화에 대한 기대와
열망의 불씨도 더 활성화되도록 해 주어야 한다.
자신의 노력이 자신뿐만 아니라 배우자와 자녀에게도
긍정적인 신호와 역할을 한다는 것을 믿고
지금의 노력이 절대 헛되지 않으며
의미와 가치가 있음을 스스로 인정하는 것이다.

부부상담을 하면서 한 사람의 변화가
다른 한 사람의 변화로 이어지는 경우를 자주 보았다.
다만, 먼저 변화를 선택한 사람이
얼마나 많은 노력과 인내, 희생을 하는지도 지켜봤다.

그런데도 이런 노력과 인내, 희생을 발휘해야 하는 이유는

자신도 소중하고 부부도 소중하며
가족도 소중하기 때문이다.

부부 중 한 사람의 변화는
결혼생활에 엄청난 파급효과를 가져온다.
부디 가치 있는 일을
상대방의 노력이 부족하다는 이유로
소멸시키지 않기를 바란다. ✽

가족의 우선순위

민주 씨는 현재 남편에게 엄청난 불만을 품고 있다.
효자라는 소리를 듣는 남편은
시어머니와 아내가 물에 빠지면
시어머니부터 구할 거라고 주저없이 말한다.
이런 모습은 결혼 전부터 이미 보였다.
이런 남편의 모습이 가족을 위한 것이라 여겨서
그동안 큰 문제가 되리라 생각하지 않았다.
그러다가 결혼 후 자녀가 태어나도 원가족을 먼저 생각하고
핵가족의 인내와 희생을 요구하는 남편의 모습에
이제 한계에 다다른 것이다.

하루는 민주 씨가 남편에게
진지하게 이 문제에 관해 말을 꺼냈다.
원가족도 중요하지만
아내와 자녀에게 좀 더 우선순위를 두면 좋겠다고.
그날 남편은 한 번도 보이지 않았던 모습을 보였다.

그냥 화를 내는 정도가 아니라 격노한 것이다.
남편은 아마도 아내 민주 씨의 요구를
원가족과 남편을 떼어 놓으려는 것으로 오해했던 모양이다.
화가 머리끝까지 난 남편이
오히려 상담센터에 전화해서 아내가 이렇게 나오는데
누가 잘못한 것인지 판단해 달라고 했다.
민주 씨 남편의 전화를 받으면서 설득을 시작했다.
부부상담이 필요한 사안이 발생한 것 같다고 설명하고
결혼 후 부부의 삶, 핵가족의 삶에 대해 다루는 부부상담을
단기로라도 받아보는 것이 좋겠다고 설득했다.

이 사례처럼 많은 부부가 배우자의 원가족과 관련해
스트레스를 받는다. 일명 시월드, 처월드 하는 것이다.
자신이 태어나고 자란 가족을 원가족,
부부로서 새롭게 꾸린 가족을 핵가족이라고 한다.
부부 중에는 결혼 후 원가족과 새로운 경계선을 형성하지 못해
스트레스를 받는 경우가 있다.
일반적으로는 시월드와 아내 사이의 갈등이
처월드와 남편 사이의 갈등보다 더 많다.
최근 이 비율이 비슷해지는 경향도 보인다.
실제 부부상담을 진행하는 과정에서
처월드에 대한 불만이나 비난을 하는 남편도 꽤 있다.

원가족은 중요하다.
특히 부모가 살아있으면 더욱 그렇다.
분명히 알아야 할 것은 결혼해서 핵가족을 꾸렸다면
우선순위에서 핵가족이 1번이 되어야 한다는 것이다.
결혼 후에도 원가족이 1번이라고 생각하거나
그런 신념을 배우자에게 강요한다면
결혼생활에 많은 문제가 생길 수 있다.

원가족과 유대관계가 깊은 남편이 있다.
결혼 전의 유대관계를 결혼 후에도 계속 유지하고 싶어 했다.
그러다 보니 원가족이 남편에게 무언가 요구하거나
시도 때도 없이 부르면
남편은 아내와 상의도 없이 약속을 잡거나
아내의 입장이나 컨디션은 무시한 채
오히려 아내에게 원가족의 말을 들어줄 것을 요구했다.
한두 번은 남편의 요구에 토 달지 않았다.

그러던 어느 날 아내가 진지하게 이야기했다.
앞으로 남편의 원가족이 무언가를 요구하거나 부를 때
자신과 먼저 상의를 해 줄 것과
그 과정에서 나온 합의대로 대처하자는 것이었다.
남편은 당황스러웠다.

남편은 자신을 사랑하면 원가족에게 호의와 배려를
베풀 수 있는 것 아니냐고 항변했지만
그동안 원가족에 대한 남편의 자세와 태도를 경험한 아내는
완강하게 원가족에 대한 남편의 변화를 요구했다.

그렇다.
결혼 후에는 핵가족이 우선이어야 한다.
원가족이 소중하지 않거나 무시해야 한다는 것이 아니다.
우선순위가 그렇다.

원가족이 1번이 되는 순간, 많은 문제가 생긴다.
아내가 문제를 제기할 경우 해 줄 수 있는 것도
해 주지 않거나 못 하게 될 수도 있다.

부부가 협의하고 타협을 보아야 더 효과적이고
이 과정에서 아내 역시
자신에 대한 남편의 존중과 배려를 느끼면서
남편에 대한 존중과 배려가 생긴다.
만약에 원가족과 핵가족의 우선순위가 뒤바뀌면
아내는 능력이나 마음이 없어서가 아니라
자신에 대한 남편의 존중과 배려 부족으로 해석해
반대를 위한 반대를 할 가능성이 높다.

이런 상황에 직면하면 부부관계는 어떻게 될까?

원가족과의 관계를 떠나서 부부관계가 불안정해진다.
무조건 결혼 후에는 핵가족이 1번이다.
이를 전문용어로 분화라고 한다.

결혼 후에는 원가족과
함께 살든 분거해서 살든
핵가족은 원가족으로부터 분화를 해야 한다.

그런데 아직도 한국의 많은 남편이
이것을 무시하거나 간과하는 경향이 있다.
아니 모르는 경우도 많다.
여전히 아내는 남편의 뜻에 따라야 하고
원가족과 핵가족 중 원가족을 우선시해야 한다는
가부장적이고 유교적인 생각에 사로잡혀 있다.

결혼 후 분화는 매우 중요한 과제다.
지금까지 자신을 낳아 주고 키워 준 부모로부터
분화한다는 것은
특히 효자나 효녀라는 소리를 듣는 사람에게는
생소할 수도 있고 머뭇거리게 할 수도 있다.

그러나 결혼 후 분화가 잘 되어야
부부관계뿐 아니라
원가족과의 관계가 더 건강해진다.

결혼을 통한 성숙은

분화와 같은 과정을 잘 통과해야만
이루어질 수 있다.*

만들어 가는 행복

결혼하면 당연히 행복하기를 원한다.
그런데 행복은 주어지는 것일까, 아니면 만들어지는 것일까?
나는 후자에 더 무게를 둔다.

행복은 만들어지는 것이지
주어지는 것은 아니다.

많은 부부가 행복을 만들어 간다기보다
주어지는 것이라고 믿는 경향이 높다.
그래서 배우자가 행복을 만들어 주어야 한다고 생각하거나
어떤 조건이 갖춰지면 행복할 거라고 생각한다.
물론 행복을 위한 촉매와 같은 조건은 있다.
경제적 안정감이나 건강한 신체
혹은 원만한 대인관계나 화목한 가족이다.
그러나 이런 것은 누가 주는 것이 아니라
나 자신이 만들어 가는 것이다.

원만한 인간관계 그리고 화목한 가족관계도
누가 만들어 주는 것이 아니라
나의 노력이 필요한 부분이다.
인내가 필요할 수 있고 헌신이 필요할 수도 있다.
어떨 때는 배려해야 할 때도 있다.
희생해야 할 때도 있다.
이런 것이 조건과 합해져야 행복이 만들어진다.

불행하다고 주장하는 부부를 보면
상대방 때문이라고 한다.
일정 부분은 그럴 수 있다.
남편과 아내로서 그리고 사회의 구성원으로서
자기의 역할과 기능을 하지 않고
그래서 경제적 불안정을 겪거나 건강이 악화되어
개인적으로 힘들고 부부에게도 불행감이 엄습할 수 있다.

비록 그럴지라도 전체적으로 자신의 노력과 헌신은
어느 정도였는지, 부부의 행복을 위해 무엇을 했는지
스스로 잠시 돌아보자.
이런 것들이 잘 조화를 이룰 때
개인의 행복이, 부부의 행복이, 가족의 행복이 보장된다.

행복에 대한 관점을 바꿀 필요가 있다.
소박한 행복이든 거창한 행복이든
행복은
부부가 함께 만들어 가는 것이다.

부부만의 행복을 위해서는
행복에 대한 정의가 필요하다.
다른 사람의 삶을 모방하고 비교하는 것이 아닌
부부만의 행복이 무엇인지에 대한 정의다.

사람들이 불행을 느끼는 이유 중 하나는
정작 부족하고 힘들어서라기보다
상대적 박탈감이라는 비교의식 때문이다.
내가 가진 것은 적고 보잘것없는데
남들이 가진 것은 커 보이고 거창하고 좋은 것처럼
느껴지기 때문이다.

부부만의 행복에 대한 정의를 내렸는가?
그렇다면 그 다음은 행복을 확인하는 것이다.
차 한 잔 앞에 두고
행복에 관해 얘기해 보자. ✵

필수조건 회복탄력성

회복탄력성이라는 단어를 들어 봤는가?
역경과 고난 앞에서 일어날 수 있는 힘!
회복탄력성이다.
회복탄력성의 마스코트는 오뚝이다.
넘어지더라도 무게 중심을 잡고
다시 일어나는 오뚝이는 회복탄력성의 좋은 예시다.

부부의 자존감과 함께 회복탄력성은 아주 중요하다.
일평생 살다 보면 예상을 했든, 못 했든
수많은 일과 직면하게 되고
이런 일을 해결하는 과정에서 역경과 고난을 겪는다.
이때 회복탄력성이 높으면
해결해야 할 과제의 경중을 떠나
부부가 힘과 지혜를 모아 잘 해결하지만
회복탄력성이 약하면 작은 과제 앞에서도 무기력을 느낀다.

회복탄력성을 높이려면 어떻게 해야 할까?

연구자들의 대표적인 의견은
대인관계와 연관되어 있다.
대인관계가 원만하고 넓을수록 회복탄력성이 높다.

대인관계가 좋다는 것은
성격이나 성향이 무난해서일 수도 있지만
대화와 소통, 공감이나 배려의 기술도 좋다는 것이다.

이런 것이 바탕이 되어 대인관계가 원만해지면
어려움을 겪을 때 자신을 지지하는 자원이 많아지고
자신의 회복탄력성이 소진되더라도
충전할 수 있는 조건이 갖춰진다.
실제로 어려움 앞에서 지지해 주는 자원을
많이 가진 사람과 그렇지 못한 사람은
대처능력에서 차이를 보인다.
전자는 자신이 가진 자원을 통해
집단 이성을 활용하기도 하고, 스스로 못하는 것을
주변 사람들의 도움으로 해결하기도 한다.
반면 후자는 혼자 문제를 끌어안고 끙끙대다가
결국 파국적인 사고에 빠져 버린다.

부부의 회복탄력성은
서로에게 지지의 자원이 되고
두 사람이 합세하여 더 큰 시너지를 내기도 한다.

아이러니하게도 회복탄력성은
역경과 고난 속에서 강해진다.
역경과 고난은 분명 힘들지만
이를 회피하지 않고 직면하고 극복하는 동안
강인한 정신력과 심리적 에너지가 충전되어서다.
힘든 훈련을 받은 군인이
강한 군인으로 거듭나듯이 말이다.

힘들고 괴로운 역경도 잘 극복하면
더 강한 회복탄력성의 밑거름이 될 수 있다.
물론 회복탄력성을 높이고자
일부러 고난을 겪을 필요는 없다.

부부의 회복탄력성은 학습효과를 통해
자녀에게도 대물림된다.
부부의 경험에 근거하여
자녀의 회복탄력성에
긍정적인 영향을 미치기 때문이다.

역경과 고난이
꼭 부정적인 것만은 아니다.
특히 회복탄력성에 있어서는 더 그렇다.

그동안 어떤 역경과 고난을 겪었는가?

그 과정을 어떻게 극복했는가?

아마 부부 자신도 모르게
회복탄력성은 더 커졌을 것이다.

이처럼 부부에게 역경과 고난은
때로는 불행이 아니라
행복의 필수조건이 되기도 한다. ✦

삼발이의 또 다른 요소

부부 사이에 존재하는 삼발이는
사랑, 정 그리고 존경이다.
부부가 살다 보면 처음에는 사랑으로 살고,
다음에는 정으로 산다.
여기에 하나 더 추가해 보자.
사랑과 정뿐 아니라,
서로에 대한 존경심을 가지고 살아가면
정말 행복한 부부다.
또한 성공한 삶이라 할 수 있다.

만남의 과정이 어찌 되었든
부부로 살아가면서 무슨 일을 겪었든
지금-여기에서 사랑과 정뿐만 아니라
서로에 대한 존경심을 가지고 있다면
정말 행복하고 건강한 부부다.

사랑과 정은 어려울 수도 있고 쉬울 수도 있다.
그러나 존경심은 쉽게 생기지 않는다.
존경심은 배우자의 인품만으로 형성되는 것은 아니다.
배우자와 함께 살아오면서 겪었던
다양한 삶의 흔적과 함께
그 흔적 안에서 서로에게 가졌던
신뢰감, 동질감 그리고 친밀감이 있어야 한다.

서로 존경심을 갖고 대하는 부부를 보면
행복해 보일 뿐만 아니라 존경심이 든다.
이런 모습이 자녀에게 비추어진다면
자신의 부모에 대한 존경심이 절로 생길 것이다.

사람의 권위는 주변 사람이 세워 주어야 하지만
다른 한편으로 권위는 스스로 만드는 것이다.

존경심도 비슷하다.
존경심도 주변 사람이 세워 주는 동시에
스스로 만들어 가는 것이다.
자신을 잘 관리하고 잘 통찰하는 가운데
배우자에게 혹은 자녀에게 신뢰감을 줄 수 있고
진실함을 줄 때 존경심이 생겨난다.

존경심의 근원은
바로 스스로의 노력이다.

다만, 피상적으로 아는 사람들끼리는
비교적 쉽게 존경심을 표할 수 있다.
겉모습인 페르소나를 보고서 말이다.
그러나 부부나 가족처럼 일거수일투족을
속속들이 아는 사람에게 존경심을 얻기는 말처럼 쉽지 않다.
그런데도 서로 존경심을 표하고 나눌 수 있다면
건강하고 성숙하고 행복한 부부다.
이처럼 행복은
물질적인 부분보다는
정신적, 심리적, 정서적인 부분의 영향을 더 받는다.

현재 서로를 존경하는가?

만약에 '네'라고 답할 수 있다면 감사한 일이다.
그러나 아직 '네'라고 자신 있게 답할 수 없다면
지금이라도 만들어 보는 것은 어떨까?
이를 위해 한 가지 조언하면
결혼생활을 하면서 상대방에게 느꼈던
섭섭함이나 아쉬운 점에 대해 털어 내는 시간을 가져 보자.

일종의 감정 찌꺼기를 털어 내는 것이다.
이런 감정 찌꺼기가 제거되지 않으면
상대방에 대한 존경심은 생길 수 없다.

감정 찌꺼기를 제거하려면
부부가 많은 대화를 해야 한다.
일방적인 용서나 이해만으로는 부족하다.
서로 사과할 것은 사과하고
이해할 것은 이해하는 과정이 필요하다.
그렇게 소통이 이루어지면
그때부터 조금씩 상대방에 대한 존경심이 생길 것이다.
부부 사이의 존경심은 나이 차이를 떠나서
분명 공존할 수 있기 때문이다.

사랑과 정, 더불어 존경심까지 갖춘 부부라면
서로 의지하고 신뢰하며 힘을 합쳐
웬만한 인생의 파도는 쉽게 넘어갈 수 있다.

부부의 서로에 대한 존경심이
사랑과 정과 함께 꼭 갖추어야 할 삼발이의 요소 중
하나여야 하는 이유다. ✦

# 사람을 이해하는 성숙도

사람이 성숙해졌다는 것을 어떻게 알 수 있을까?
여러 가지로 관찰하거나 측정할 수 있다.
먼저 사람에 대한 이해가 어느 정도냐로 가늠할 수 있다.

선남선녀로 만난 남녀가 부부가 된다는 것은
기적과 같은 일이다.
마냥 좋을 때는 잠시일 뿐
어떨 때는 좋았다가 미웠던 적도 있을 것이다.
애증관계다.
일정 시간이 지나서 과거를 반추해 보면
그때 참 어리석었다는 것과 미숙했다는 것을 느낄 수 있다.
지나고 보니 아무 문제도 아닌데
그때는 엄청난 문제라고 여겨져서
배우자를 공격하고 비난했던 시간에 대해
쓴웃음을 짓기도 할 것이다.
심지어 이혼의 문턱까지 갔던 부부도 말이다.

이런 과정이 사람을 이해하는 것이다.
사람에 대한 이해도가 낮으면
작은 문제도 큰 문제라고 생각하고 다투고 싸우며
서로 말도 하지 않고 냉전과 열전을 주고받는다.
그런 상황에서 나는 옳고 상대는 틀렸다는
흑백논리 혹은 이분법적 사고에 휩싸인다.
만약 시간이 지나서 그것 역시
우물 안 개구리였다는 것을 알고
혼자 쓴웃음을 짓는다면
사람에 대한 이해가 넓어졌다고 볼 수 있다.

많은 부부가 상담할 때 자주 싸운다.
때로는 상담실에서 가정폭력을 저지르기도 한다.
감정을 조절하지 못해서 그랬다는 것은 충분히 이해한다.
이 부부는 사람에 대한 이해의 폭을 넓히는 데
참 오랜 시간이 걸렸다.

많은 부부가 오랜 시간 함께 살면서
배우자에 대한 이해의 폭을
넓히지 못하는 실수를 한다.
이는 다시 말해 사람에 대한 이해의 폭을
넓히지 못하는 것이다.

그러다 보니 편향적 사고, 흑백논리, 파국적 사고,
과일반화 같은 오류 속에서 자신의 생각에는 흠결이 없고
배우자의 관점에는 오류가 많다는 확증편향으로
갈등과 문제를 더 복잡하고 어렵게 만든다.
엉킨 실타래를 풀기도 바쁜데 더 헝클어 버리는 셈이다.
감정이 폭발하고, 그로 인한 작용과 반작용이 이어진다.
근본적으로 들어가 보면
사람에 대한 이해의 폭이 좁아서 벌어진 일이다.
이러한 것을 모르는 부부가 참 많다.

선남선녀로 만나서 부부로 인연을 맺는다는 것은
사전에 인지했든, 못 했든
'이해'라는 도구를 이용해 상호작용하는 과정이다.
그런데 살면 살수록 상대방을 이해하지 못하겠다면
근본적으로 사람 이해에 대한 오감이 막혔거나
사람에 대한 이해도가 미숙하다고 할 수 있다.
따라서 스스로 자문해 봐야 한다.

'나는 저 사람을 배우자로 만나서 저 사람뿐만 아니라
사람에 대한 이해도가 얼마나 성숙해졌는가?'
라고 말이다.

결혼은 두 남녀가 서로 좋아서
그리고 함께 있고 싶어서 한 행위 같지만
그 이면에는 행복과 성숙에 대한 기대와 열망이 숨어 있다.
이런 가치는 결혼생활을 더 풍요롭게 만드는 중요한 요소다.
만약 이런 것을 놓치고 살고 있다면
제한된 인생을 살아가는 존재로서
시간을 낭비하는 것과 같다.

자신에게 물어보자.

사람을 이해하는 폭은 어느 정도인가?
나이는 성인인데 이해하는 폭은 아직 청소년인가?
아니면 아동인가?
그것도 아니라면 아예 사람에 대해 관심조차 없는가?

사람을 이해하는 폭이 넓으면 넓을수록
더 행복해질 수 있고, 더 편안해진다.
이 원칙은 개인에서 시작되어
부부로 그리고 가족으로 확대된다는 것을 명심하자. ✽

이혼할 수 없는 이유

부부상담에서 가장 빈번한 주제가 이혼이다.
신혼이혼부터 황혼이혼까지
이혼과 관련된 부부상담이 정말 많다.
지인 중에도 이런저런 사정으로 이혼한 경우가 많다.
기대와 열망으로 시작한 결혼생활을 접고
이혼하겠다는 사람을 만나 보면
오죽하면 이혼을 선택할까 싶어
이해가 되는 측면도 있다. 반면에
'이혼이 답이 아닌 것 같은데 ……'
싶은 부부도 있다.

중요한 것은 결혼이든 이혼이든 혹은 재혼이든
'모든 선택과 결정에 당사자의 자율성이 어느 정도인가?'이다.
의외로 확신이 없는 결혼생활과
자신감 없는 이혼 결정을 하는 경우가 많다.

그중에는 부모 때문에 이혼할 수 없다는 부부도 있다.
부모도 이혼했는데 자신까지 이혼하면
부모가 얼마나 괴롭고 힘들겠냐는 것이다.
일리가 있다.
부모는 자신이 겪는 상처와 아픔에도 괴로워하지만
자녀가 자신과 비슷한 아픔을 겪는 것을 보면
더 고통스러워한다.
부모 자신의 상처에 자녀의 상처까지 더해지기 때문이다.
부모의 이런 마음을 헤아려
이혼이 불가피한데도 못하는 것이다.
그러면서 억지로 죽지 못해 살아간다.
적어도 부모가 살아있는 동안에는 말이다.

상담을 통해 자신의 고통과 어려움을 토로하며
뭔가 새로운 출구가 없는지
전문가와 함께 탐색하는 부부에게는
희망이라도 있다.

그러나 이런 문제를 묻어 두고
자신을 억압하며 살아가는 부부는
우울과 무기력감에 빠져
아예 희망의 문조차 열려고도 하지 않는다.

이런 부부에게 가장 안타까운 점은
자신의 삶에서 주체성이나 주도성을 갖지 못하고
부모를 위해, 자녀를 위해
결혼생활을 지속한다는 것이다.

건강한 삶을 살기 위해서는
자신에 대한 주체성이 있어야 한다.

삶에 대한 주체성과 자율성은
문제를 해결할 때도
피동적이거나 수동적으로 대처하지 않고
스스로 해결의 주체가 되어 상황을 극복하도록 해 준다.
또한 타인에 대한 의존성과
과도하게 타인을 의식함으로써 생기는 에너지 소진도
방지해 준다.
주체성과 자율성을 갖춘 부부도
어려움을 겪지만
그들은 그것을 자신감 있게 헤쳐 나간다.
그만큼 자신에 대한 힘이 있어서다.

인생은
수많은 문제를 헤쳐 나가는 과정이다.

직면하는 문제의 경중은 있지만
많은 사람이 이런저런 문제와 직면하면서
그것을 해결하고 그 속에서 지혜를 얻으며
수많은 난관 속에서 내면을 강화해 나간다.

인생에 닥치는 어려움은 불행의 여지가 될 수도 있지만
반대로 더욱 강하고 성숙한 존재로
거듭나는 기회가 될 수도 있다.
이런 측면에서, 무언가 선택하고 결정할 때
자신보다 부모나 자녀를 더 의식한다는 것은
참으로 안타까운 일이다.
부모 때문에 결혼하고
부모 때문에 이혼하지 못한다면
그야말로 불행한 결혼생활이라 하겠다.

결혼은 더 성숙할 수 있는 기회다.
성숙해진다는 것은
선택과 결정에 따른 책임을 수용하는 것이고
어떤 문제가 생겼을 때
도피하거나 회피하지 않고
직면하여 문제를 해결할 수 있을 때
보다 성숙한 모습이 된다.

현재 이혼의 위기를 겪고 있는가?

그 문제를 해결할 수 있는 의지뿐만 아니라
방법도 있는지
자신에게 물어보자.
도피와 회피로 해결될 거라고 생각하거나
부모 때문에 억지로 참고 산다면
미숙한 것이다.

삶의 미숙함은
작은 문제에도 쓰러지게 하고
스스로도 서지 못하며
타인에게 의존하게 만든다.

부모는 나를 낳아 주고 키워 준 고마운 존재다.
그러나 결혼하려 한다면
이혼하려 한다면
부모 때문에, 자녀 때문에라는 핑계는 대지 말자.

삶의 동력을 이끄는 사람은
나 자신이어야 한다. ✽

이혼해야만 하는 부부

영주 씨는 이혼해야 할지 말아야 할지 고민 중이다.
머리로는 이혼이 옳다는 판단인데
마음은 어찌할지 갈등 중이다.

영주 씨가 이혼하려는 이유는 남편의 반복적인 외도 때문이다.
이십 년 결혼생활을 하며
남편은 몇 번의 외도를 반복했다.
첫 번째 외도 때는 영주 씨도 얼떨결에 참고 넘어갔다.
그것이 화근이 되었는지 남편은 반복적으로 외도를 하고
거짓말을 일삼으면서 영주 씨를 속여 왔다.
최근에는 남편이 외도뿐 아니라
그것을 의심하는 영주 씨에게 손찌검까지 하며
가정폭력을 행사하기에 이르렀다.

부모의 이런 모습에 자녀가 말리려고 개입했는데
이에 더 격분한 남편이 자녀에게까지 폭력을 가했다.

이를 본 영주 씨는 이혼 쪽으로 마음을 굳혔다.
하지만 이혼에 대한 두려움이 커서
개인상담이라도 받고 이혼을 결정하자며
용기를 내서 상담을 의뢰했다.

부부상담을 하다 보면 이혼하는 것이
더 낫겠다는 생각이 드는 부부가 있다.
앞의 사례처럼 반복적인 가정폭력이나
습관적인 외도를 하는 경우가 대표적이다.

가정폭력과 외도는 피해 당사자와 자녀에게
큰 상처와 아픔을 줄 뿐 아니라
일평생 짊어지고 갈 트라우마를 안긴다.
한 번의 가정폭력과 외도도 힘든데
그 일이 반복되고 습관적으로 행해지면
피해 당사자와 자녀는 심리적, 정서적, 정신적으로 피폐해진다.
자존감이 낮아지고 삶에 대한 자신감이 추락한다.
우울증이 생길 수도 있고 성격장애가 발생할 수도 있다.
세상과 미래에 대한 두려움이 생길 수도 있고
자해나 자살의 위험도도 높아진다.
자녀가 학령기에 있다면 학업에 대한 집중력이 떨어지고
또래관계에도 나쁜 영향이 미친다.

학교폭력의 피해자가 되는 경우도 있다.
가정에서의 위축이 학교에서도 그대로 나타나면서
거친 아이들에게 폭력의 대상이 되는 것이다.

가족의 자존감이 낮아지면
성인이 되어 결혼을 결정할 때도 영향을 미친다.
비혼주의자 중에는 분명한 신념과 가치관을 가진 이도 있지만
부모에게서 받은 상처로 인해
그리고 부모의 결혼생활에 대한 부정적인 학습효과로 인해
결혼에 대한 자신감이 사라지고
부정적 관점을 갖게 되어 결혼을 회피하는 경우도 있다.
따라서 반복적인 가정폭력이나 습관적인 외도는
부부에게만 상처와 아픔을 주는 것이 아니다.
자녀에게도 되돌릴 수 없는 상처와 아픔을 남기며
자녀의 삶에 대한 이정표까지 바꿀 수 있다.

반복적인 가정폭력과 습관적인 외도가 이어진다면
무턱대고 참고 사는 것보다 이혼하는 편이 낫다.
이혼의 과정은 힘들고 괴롭지만
먼 미래와 삶에 대한 존귀함을
복합적으로 그리고 통합적으로 따져 본다면
이혼이 더 현명한 선택이다.

반복적인 가정폭력과 습관적인 외도를 하는 행위자가
변화에 대한 의지가 약하고 노력이 없을 때는 더 그렇다.

이런 면에서 이혼하면 안 되는 부부도 있지만
이혼해야 할 부부도 있다.
전자는 이혼 사유가 있다 해도
문제 극복과 해결 그리고 관계 회복에 대한 의지가 있고
이를 위해 이모저모로 노력을 기울일 수 있다면
이혼보다는 한 번쯤 변화를 위한 도전에 나서는 게 좋다.

하지만 후자는 이혼을 선택하는 편이
상처와 아픔을 키우지 않을 수 있고
무엇보다 자녀의 인생에도 좋다. ✢

이혼 전 따져 볼 것

이혼을 마음먹고 실행하기에 앞서
상담센터의 문을 두드리는 사람들이 있다.
이른바 전문가라는 사람의 의견도 들어 본 뒤에
이혼의 선택과 결정을 하기 위해서다.
매우 용기 있는 모습이다.
이런 사람의 사연을 들어 보면 정말 기가 막히고 코가 막힌다.
결혼 전과 결혼생활 속에서 겪은
상처와 아픔에 대한 얘기를 듣다 보면
왜 이혼을 하려고 하는지 충분히 이해되고 공감이 된다.
그러나 선뜻 이혼이 답이라는 말을 건네기 힘든 사람도 있다.
이혼 후의 삶도 중요하고 소중하기 때문이다.

이혼을 선택하고 결정한다고 해서
모든 문제가 해결되는 것은 아니다.
이혼 후 경제적인 부분은 매우 중요하다.
전업주부로 살아왔다면 당장 경제적인 부분에 타격을 받는다.

아무리 위자료를 받고 양육비를 받는다고 해도
결혼생활과 같은 삶의 질을 유지하기 어려울 수 있다.
그러다 보니 '이혼이 답이다!'라고 말하기에는 한계가 있다.

제일 먼저 해 주는 답변은
하루빨리 경제적인 부분에 대한 출구전략을 만들라는 것이다.
여의치 않을 때는 잠시 이혼을 미루고
이혼 후의 삶에 대한 대안 마련에 집중하라고 말한다.
취업을 위한 자격증을 취득하거나
경력 단절의 경우 새로운 직장에 취직하는 등
적어도 스스로 경제적 문제를 해결할 수 있도록
대안을 마련하는 것이다.
물론 쉬운 일은 아니다.
그래도 어느 정도 뛰어다니면서 노력하다 보면
해결이 불가능한 것도 아니다.

그보다 더 따져 보아야 할 것은
정서적 이혼이 가능하냐는 것이다.
아무리 밉고 싫은 배우자라도
사람이란 존재는 누군가와 함께 살다가
혼자 살게 되면 또 다른 적응기가 필요하다.
애증관계 속에도 해결해야 할 정서적인 부분이 남아서다.

이를 잘 소화하지 못하거나 해결하지 못하면
버림받은 느낌, 외로움, 쓸모없는 존재가 된 느낌을
극복하지 못해서 이혼 후에
분노하거나 우울증 등 부작용에 시달릴 수 있다.
특히 자존감이 낮으면서 자격지심이 높은 사람은
이혼 후 정서적으로 매우 큰 충격을 받는다.
매일이 우울의 연속이고 하루가 분노의 연속이다.
이런 감정의 원인 제공자로 전 배우자를 지목하고
법적으로 그리고 공간적으로 분리된
전 배우자를 상대로 감정풀이까지 한다.

이런 감정풀이를 전 배우자에게 직접 하지 않고
자녀를 사이에 두고 하는 사람도 있다.
그러다 보니 아이는 이혼 부부 사이에서
동거하는 부나 모에 의해 비동거하는 모나 부에 대한
부정적인 표상과 인상을 내면화하게 되고,
그 가운데서 충성심 갈등이라는 혼란 속에
양쪽 모두와 잘 지내지 못하게 되는 고통을 겪기도 한다.
이혼한 부부가 정서적 이혼을 하지 못해서
즉 이혼 후 자신의 정서적인 문제를 해결하지 못해
자녀에게까지 고통을 전가하는 상황이 벌어지는 것이다.

이런 부분은 사람의 성격과 매우 밀접한 상관관계가 있다.
타인을 잘 용서하지 못하는 사람이나
완벽주의를 추구하는 사람이 이런 모습을 많이 보인다.
이혼 후에도 정서적 이혼을 하지 못해
전 배우자를 비난하고 증오하며
그 감정을 자신에게 향하거나 자녀에게 전가한다.

이혼할 수밖에 없는 상황이라면
경제적인 부분 못지않게
자신의 감정이나 정서를 어떻게 해결할지에 대한
탐색과 분석이 필요하다.
감정이나 정서 문제가
모난 성격이나 완고한 성격과 합쳐지면
이혼 후 생각지도 못한 고통을 겪을 수 있다.

지금 이혼을 생각하고 있는가?
경제적인 부분부터 체크하자.
장기적으로 정서적인 부분도 확인하자.
경제적인 부분, 즉 돈은 벌면 되지만
정서적인 부분은 용기를 내어 정리해야 하므로
훨씬 많은 에너지가 필요하다. ✽

함부로 꺼내면 안 되는 말

영미 씨 부부는 최근 들어 다툼이 잦다.
사업을 하면서 접대한다는 명분으로
술을 자주 마시는 남편 때문에 스트레스가 심하다.
한번은 남편이 음주운전으로 경찰에게 잡힌 적도 있다.
이제는 남편이 술을 마신다고 하는 날에는 화부터 나고
이런 일이 누적되면서 다툼이 잦아졌다.
그런데 언제부터인가 다투는 와중에
"그래! 이혼하자, 이혼해!"
라는 말을 하기 시작했다. 처음에는 남편이 시작했는데
이제는 영미 씨도 이혼이라는 단어를 쉽게 내뱉는다.

미워하면서 닮는다고 했던가!
막상 이 부부는 이혼할 의사가 없다.
그런데도 이혼이라는 단어를 입 밖에 내는 것은
아마 각자의 자존심 때문일 것이다.

작은 물방울이 바위에 구멍을 내듯이
이혼이라는 단어를 자주 사용하다 보니
그 단어에 내성이 생기는 것 같고
정말로 이혼하면 어쩌지 하는 두려움도 커져
부부상담을 신청했다.

사람에게 언어는 단순히 의사소통의 도구만은 아니다.
말과 글에는 각각 의미도 있지만 정서적인 요소도 있다.
어떤 말이나 글을 듣거나 읽으면
사람들은 그 의미도 파악하지만
그 속에 담긴 정서적인 부분까지 함께 수용하게 된다.
그런 가운데 상처와 아픔을 주고받기도 한다.

한 번 내뱉은 말이나 상대방에게 보낸 글도
다양한 영향을 미친다.
그중 부부 사이에서 가장 조심해야 할 단어를 꼽으라면
이혼이라는 단어다.
그런데 부부 사이에 싸움이 벌어지면 의식적이든 무의식적이든
이혼이라는 단어를 내뱉는 경우가 많다.
홧김에 내뱉었든 혹은 오래전부터 생각하다가 내뱉었든,
그 말을 듣는 당사자는 매우 당황스럽다.
그때부터 배우자에 대한 부정적인 인상이 자라기 시작한다.

이혼은 결혼관계를 법적으로 정리하는 것이지만
당하는 사람은 심리적으로나 정서적으로
버림받는 느낌이 강하다.

여기서 잠시 생각해 보아야 할 것이 있다.
사람에게 가장 힘든 감정 중 두 가지는
수치심과 배신감이다.
수치심은 심리상담에서도
다루기 어려운 주제 중 하나다.
배신감은 믿었던 사람에게
당하는 감정이어서 더 힘들게 느낀다.
상황에 따라 배신감을 준 사람을 죽여 버리고 싶은 마음과
배신감을 느낀 사람이 죽고 싶은 감정이 들 정도다.

부부관계 속에서 이런 감정이
한꺼번에 밀려드는 단어가 있다.
'이혼'이다.
이혼을 외치는 사람은 어떨지 모르나
이혼이라는 단어를 듣는 사람은
다양한 감정에 휘말리는데
그중에서도 특히
수치심과 배신감을 느끼기 쉽다.

'이런 사람을 믿고 살아왔나!'
하는 생각에 수치심이 들기도 하고
'이렇게 버림을 당하는구나!'
하는 생각에 배신감을 느끼기도 한다.

이런 것을 잘 이해하지 못하거나
인지하지 못한 부부가
이런저런 문제로 갈등이 생기고
그것이 첨예해져 다툼과 싸움이 되면
이혼이라는 단어를 주저 없이 꺼낸다.

이 단어를 들은 사람도 감정 반사적 행동으로
"그래! 이혼하자!"
로 응수하게 된다.

결혼이 쉽지 않듯 이혼도 쉽지 않다.
법적인 문제 차원이 아니라 그 이상의 차원에서 말이다.
부부가 헤어진다고 모든 문제가 한순간에 사라지지 않는다.
자녀라도 있으면 이혼 후의 삶이 더 고통스럽다.
오히려 이혼의 위기를 잘 극복하고 관계를 회복하며
아픔을 치유하고 살면 더 나아지는 경우도 있다.
이혼만이 답인 양 이혼에 골몰하는 것은 부적절한 대처다.

시도 때도 없이 꺼내는 이혼이라는 말은
상대방에게 큰 상처와 아픔을 남긴다.
말과 글은 잔상을 남기고 경우에 따라
머릿속에 각인되기도 한다.
반복하지만 말과 글의 영향력은 쉽게 사라지지 않는다.

특히 부정적인 말과 글은 마음에서, 머리에서
쉽게 사라지지 않는다.

함부로 이혼을 들먹이는 것은
매우 위험한 모험이다.

정말로 이혼하고 싶거나 이혼할 수밖에 없다는
생각이 든다면
일단 상담을 받아 보고
그 길밖에 출구가 없는지 먼저 탐색해 보자.

아무리 출구를 찾아도 이혼밖에 답이 없다면
그때 수용하면 된다.
이 탐색의 과정을 거친다면
그나마 이혼 후 후회나 자책, 수치심과 배신감을
덜 느낄 수 있다. ✦

이혼할 때 주의사항

요즘은 이혼도 많이 하고 재혼도 많이 이루어진다.
그런 만큼 상담센터에도 재혼부부의 상담 의뢰가
점점 늘어나는 추세다.
그리고 재혼부부 중 다시금 이혼 위기에 처해
상담을 의뢰하는 경우도 많다.
이들 중에는 전혼관계 속 미해결된 문제로 인해
위기에 빠지는 재혼부부도 다수를 이룬다.

재혼한 영철 씨는 전혼관계 속에서 많은 상처와 아픔을 겪었다.
이혼 후 찾아드는 억울함과 분함, 외로움으로
우울하고 무기력하게 살던 차에
새로운 사람을 만나 용기를 내서 재혼을 했다.
그런데 전혼관계에서 해결했어야 할 문제를
재혼관계로까지 가져오는 실수를 하고 말았다.
전 배우자에게 받지 못했던 사랑과 애정을
새로운 배우자에게 두 배로 받으려 한 것이다.

새로운 배우자는 자신이 책임져야 할 부분 이외의 것까지
감당해야 하는 상황이 된 것이다.
노력한다고 해도 한계가 있을 수밖에 없다.
결국 이 부부는 재이혼을 선택했다.

전혼관계에서 결핍된 것을
재혼가정에서 채우려고 한 것이 화근이었다.

어쩔 수 없이 이혼해야 한다면
잘 헤어지라고 당부하고 싶다.

잘 헤어져야 더 좋은 만남을 기대할 수 있다.
아니, 더 나은 만남으로 갈 수 있다.

전혼관계가 잘 정리되지 않으면
재혼 후 그 감정과 정서가 새로운 파트너에게 스며들 수 있다.

전 배우자에 대한 미해결된 감정을
새로운 배우자에게 투사하지 않으려면 잘 헤어져야 한다.
그래야 전혼관계에서 결핍되었던 것을
재혼자에게 요구하거나 기대하는 불상사를 막을 수 있다.

이혼부부가 잘 헤어지려면
자신부터 용서해야 한다.

누군가를 원망하고 비난한다는 것은
그런 사람을 만난 자신을
공격하고 비난하기 싫어서
반대로 상대방을 공격하는 것이다.

자신을 용서하지 못하기에
상대방을 용서하지 못하는 것이다.✶

이혼 후 갖춰야 할 태도

부부는 이혼하면 남이 되지만
자녀가 있으면
부모로서의 관계와 역할은 사라지지 않는다.
부부가 어쩔 수 없이 이혼할 때도
잘 헤어져야 할 이유다.
부부가 이혼하는 과정에서 잘 헤어지지 못하면
이혼 후 부모로서의 기능이 제대로 작동하지 않을 수 있다.
실제 이런 사례를 자주 목격한다.

여러 요인의 복합적인 영향으로 이혼한 부부가 있다.
성격 차이와 의사소통의 어려움
그리고 시부모의 개입이 크게 작용했다.
자녀는 남편이 양육하고 격주 간격으로
엄마와 만나는 것으로 합의했다.
문제는 그 이후부터 시작되었다.

아이는 아버지뿐 아니라
할아버지와 할머니와 함께 살았다.
그리고 조부모가
아이를 주로 돌보는 구조가 되었다.

남편은 아내에 대한 감정의 골이 깊었는지
이혼 후 아이에게
엄마에 대한 부정적인 표상을 심기 시작했고
어린 자녀는 남편의 주장을 무비판적으로 수용했다.

아이가 초등학교를 지나 중학교에 가자
자아정체성이 생기면서 아버지의 주장이
왜곡되었다는 것을 느끼기 시작했다.
자기를 보호해 주는 아버지와 어머니 사이에서
충성심 갈등이 벌어진 것이다.

결국 아이는 어머니와 함께 살고 싶다고
동정심에 기대기 시작했다.
아내는 양육권을 되찾기 위해 법정 투쟁을 벌였고
그 와중에 이혼부부의 감정은
더 예리한 칼이 되었다.
당연히 아이는 엄청난 스트레스에 휩싸였다.

이 사례는 부부가 헤어져도 자녀에게는
부모로 남는다는 것을 간과한 경우다.

누가 잘못했는지를 굳이 따진다면
아버지의 실수다.
안타깝게도
이혼가정에서 이런 일은 흔히 벌어진다.

모든 남녀는 결혼할 자유가 있고
모든 부부는 이혼할 자유가 있다.
다만, 부부관계는 끝나도
부모-자녀 관계는 유지된다는 것을 명심해야 한다.

배우자에 대한 악감정을
자녀에게 노출하는 것은
매우 위험한 일이다.
스포츠로 비유하면 반칙이다.

부부로 사는 동안에는
최선을 다했든 안 했든
다투고 싸울 수 있으며 공격하고 비난할 수 있다.

하지만 이혼 후까지
이런 감정을 제대로 해소하지 못하고
해결하지 못했다면
이혼의 원인이 누구에게 있든
자신이 미숙하다는 것을 인정하는 셈이다.

이혼 후 배우자로서
상대방을 존중할 수는 없다고 해도
자녀의 부모로서는 존중해 주어야 한다.

이는 자녀가 있는 부부가 이혼했을 때
최우선으로 갖춰야 할
어른의 태도다. ✼

재혼할 때 필요한 것

상담센터로 전화가 걸려 왔다.
재혼자와 초혼을 한 여성이었다.
재혼 파트너가 너무 좋아서 결혼했는데
현재 너무 많은 스트레스를 받고 있다고 했다.
재혼자가 데리고 온 자녀 때문이다.
임신도, 출산의 경험도
그리고 자녀를 키워 본 적도 없는 상황에서
재혼자의 자녀를 맡게 된 것이
이렇게 힘들 줄은 몰랐다고 했다.

이런 상황을 하늘에서 자녀가 뚝 떨어졌다고 표현한다.
자녀가 나의 핏줄이든 아니든 관계없이
일순간 하늘에서 뚝 떨어진 것이다.
그러니 이 여성이 얼마나 당황스럽고 힘들겠는가?
재혼가족이 겪는 다양한 문제 중 하나다.

이 사례에서 문제 핵심은 이 상황을 배우자가
어떻게 이해하고 아내를 배려하느냐다.
배우자가 상대방을 적절히 배려하지 못하고 협력하지 못해
재혼가정이 다시금 파국을 맞는 경우가 많다.
이런 면에서 초혼가정은 초혼가정대로
재혼가정은 재혼가정대로 넘어야 할 산들이 많다.
그저 남녀가 서로 사랑하고 행복하게 살고 싶다는
기대와 열망만으로 모든 문제가 해결되는 것은 아니다.
오히려 이런 문제와 직면하게 되면
사랑은 고통이 되고, 기대와 열망은 좌절과 실망이 된다.

혹자는 초혼보다 더 어려운 것이 재혼이라고 한다.
재혼자끼리 새로운 가정을 꾸리는 경우
이미 해 보았으니 재혼생활은 잘할 거라고 믿는다.
그러나 전혼생활에 대한 분석이 제대로 되지 않은 채로
한 번 실수는 있어도 두 번은 없다고 외치는 것은
오히려 따져 보고 챙겨야 할 것에 대해
간과하는 오류를 낳는다.
부모나 형제자매의 결혼생활을 옆에서 지켜보았다 해서
자신의 결혼생활에는 꽃길만 있을 거라고
자신하는 사람과 같은 것이다.

모든 결혼생활은 비슷할 수 있어도
상황이 다르고 배우자가 다르며
새롭게 가야 하는 길이다.
또한 앞의 사례처럼 재혼가정의 자녀와
어떤 관계를 형성하느냐는 중요한 변수가 된다.
재혼자의 입장도 있지만
재혼가정의 자녀도 입장이 있다.
아무리 재혼자가 노력해도
자녀들이 어떻게 상호작용과 반응을 해 주느냐에 따라
수많은 경우의 수가 발생한다.
무 자르듯 말을 하거나 재단을 할 수 없는 것이
부부의 삶이다. 특히 재혼가정 부부의 삶은 더 그렇다.

일반적으로 초혼가정보다 재혼가정에서
해결과제가 한꺼번에 몰아치는 경우가 많다.
당사자인 재혼부부 뿐만 아니라
자녀까지 스트레스와 과부하가 걸리기 쉽다.
이 경우 재혼부부의 팀플레이가 매우 중요하다.
간혹 상담 의뢰를 하는 재혼가정 혹은 재혼부부를 보면
재혼까지는 팀플레이를 잘하다가
재혼 후에는 이 기능이 제대로 작동하지 않아서
재혼을 후회하는 부부가 많다.

재혼은 동병상련의 마음으로, 측은지심의 마음으로
해서는 안 된다. 그 결과가
또 다른 상처와 아픔의 근원이 될 수 있다.

재혼해야 한다면 그리고 자녀가 있다면
재혼자는 여러모로 초혼자에 비해
더 준비하고 대비하는 지혜가 필요하다.

재혼을 생각하고 있는가?

지금 재혼부부인가?

그렇다면 재혼부부를 위한 부부상담에 대해
신중하게 고려해 볼 것을 권한다.

예방이 치료보다 더 효과적이다. ✴

황소와 암사자의 이혼 사유

어느 마을에 황소와 암사자가 살았다.
둘은 서로에게 호감이 생겨 연애를 시작했고
이내 결혼을 했다.
그런데 결혼생활이 점점 힘들어졌다.
이유는 두 동물의 먹을거리 때문이었다.
암사자는 자신이 좋아하는 황소를 위해
근사한 고기음식을 만들었다.
그러나 황소는 그것을 먹을 수 없었다.
그래서 푸념하기 시작했다.
나는 신선한 풀을 먹고 싶은데
왜 내 마음을 몰라 주느냐고 말이다.
결국 황소와 암사자 부부는 헤어졌다.
그리고 서로 헤어지면서 이런 말을 남겼다.

"나는 최선을 다했는데 ……."

많은 부부가 이혼하면서 이런 말을 하지 않을까 싶다.
"열심히 살았는데 결과가 이혼이라니 ……."
하면서 푸념뿐만 아니라 화를 내는 부부도 있을 것이다.

모든 부부는 열심히 살아간다.
여기서 한번 생각해 볼 것은
그 '열심히' 한 것이
자기중심적이거나 방향이 잘못될 수 있다는 것이다.
암사자가 자기 입장에서 맛있는 고기음식을 만든 것처럼
부부도 자기 입장에서 최선을 다한 삶을 살았을 것이다.
그 의도가 어떠냐를 떠나 실제로 이런 일은 비일비재하다.
다만, 그것이 촉발요인이 되어
이혼까지 가는 부부가 있고
어떻게든 인내하며 극복하는 부부가 있을 뿐이다.

상대방 입장에서의 배려는 쉬운 듯하면서도 어렵다.
사람들은 자기만의 익숙함이 있고
자기중심적인 성향을 가지고 있기에
본의 아니게 자기중심적으로 생각하고 행동하는 경향이 있다.
배가 부르면 다른 사람의 배고픔에 대해
간과할 수 있다고 하지 않던가.

회의할 때
"쉬었다 할까요?",
"밥 먹고 합시다!"
같은 말을 하는 사람은
자기가 쉬고 싶고 배고프니 하는 말일 가능성이 크다.
이것이 이기적인 것은 아니다.
자기중심적인 생각과 행동일 뿐이다.

부부로 살면서 누구나 자기중심적으로 최선을 다한다.
그러다 보면 자기중심성끼리 충돌하기도 한다.
그것을 서로 꼬집고 공격과 비난을 하기도 한다.
의도는 선했을지 몰라도
상대방의 해석과 평가가 야박했다면
아마도 자기중심적인 생각과 행동의 결과일 가능성이 크다.

부부 사이에는 많은 배려가 필요하다.
어느 한 사람만의 배려는 안 된다.
사람과 사람 사이의 관계가 건강하려면
균등한 헌신과 희생이 동반되어야 한다.
아내든 남편이든 한쪽만 헌신과 희생을 한다면
그 관계는 오래 지속되기 어렵다.
시한폭탄을 품고 사는 것과 같은 셈이다.

배려는 서로 비슷한 강도와 빈도로 나누어야 한다.
어느 한쪽으로 경도된 배려는
한계가 있다.
아무리 남편이나 아내가 이타적인 사람이라 해도
그것은 겉으로 드러나는 모습일 뿐
내면적으로는 배려받고 싶어 하는 것이
사람의 욕망이다.

배려 중의 가장 큰 배려는
상대방에게 물어보는 것이다.

무엇을 선택하고 결정할 때
상대방의 의견을 물어보고 의사를 물어보는 것이다.
상대방의 의견대로 하지 않더라도
혹은 자신의 의견을 포기하는 상황이 벌어져도
방법과 과정 중에 상대방의 의견과 의사를 물어봐야 한다.

사소한 것 같지만
결코 사소하지 않은 것이
바로 물어보는 것이다.

부부 사이에서만 그런 것은 아니다.

부모와 자녀 사이에도 물어봐야 한다.
자녀가 어리더라도 생각을 물어보고
부모가 연로해서 더 이상의 영향력이 없을 듯해도
상대방에게 물어보는 것은
누구의 생각이 옳고 그르냐를 떠나서
상대방에 대한 배려다.
이런 의미에서 부부 사이의 의사소통은
'상대방에게 물어보기'에서
시작한다 해도 과언이 아니다.

물어보기에는
폐쇄형과 개방형이 있다.
'○, ×'로 묻는 것은 폐쇄형이고
주관식으로 묻는 것은 개방형이다.

이왕이면 개방형이 더 효과적이다.
"영화관 갈래?"
라는 말보다
"어디에 가고 싶니?"
같이 개방형으로 물어보는 것은
배려 중의 큰 배려다.
선택권을 상대방에게 주기 때문이다.

'나는 최선을 다했는데 ……'
라며 후회하지 않으려면,
부부는 서로를 배려하며 살아가야 한다.

그 배려는
자기중심적인 것을 포기하는 것이 아니라

상대방에게 물어보고

의견과 의사를 파악하는 것이다.＊

외도도 중독이다

배우자의 외도 행위는 그 어떤 말로도 이해하기 힘들고
그 어떤 말로도 용서하기 힘든 사건이다.
부부상담사로 일한 지 십 년이 지났는데
해가 지날수록 외도 관련 상담이 많아지고 있다.
이혼의 이유로 성격 차이를 말하지만 실제 외도인 경우도 많다.
외도가 증가한 데 대해 간통법 폐지가
원인이라는 주장도 있고
여성들의 사회활동이 늘어나 그렇다는 의견도 있다.
채팅 같은 프로그램이 많아지면서
즉석 만남이 외도로 이어진다고 주장하는 사람도 있다.
모두 다 일리가 있다.
개인적으로, 부부라는 법적 관계 그리고 사회적 관계에 대한
의식이 달라졌기 때문은 아닐까 하는 생각이 든다.
한 세대 전만 해도 결혼하면
검은 머리가 파뿌리가 될 때까지 살아야 한다는
의식이 강했지만 지금은 그렇지 않다.

자신의 행복을 위해 배우자 몰래 외도하는 사람도 있고
실제로 그런 행위를 대수롭지 않게 하는 배우자도 많다.
도덕과 윤리의식을 떠나 부부 사이에 존재하는
최소한의 도의보다 자신의 행복에 대한 욕구가 강해진 것이다.
그러다 보니 결혼생활의 무미건조함이나 정서적 결핍
그리고 불만족과 무의미 같은 상황에 직면한 부부가
이혼을 선택하기도 하지만 여의치 않을 때는
외도로 그 욕구를 발산하거나 표출하기도 한다.

외도는 도덕과 윤리의식의 문제가 아니다.
개인의 욕구와 욕망을 조절하지 못해서다.
어떤 이는 외도를 관계중독이라고 하지만
나는 충동조절장애라고 생각한다.

어찌 되었든 외도가 비일비재한 것도 현실이고, 이로 인해
스트레스와 고통을 받는 부부가 있는 것도 현실이다.
한 번의 외도만으로도 피해자에게
트라우마가 될 정도의 고통과 괴로움을 주는데
다시는 외도하지 않겠다고 굴뚝같이 약속해 놓고
반복적인 외도를 하기도 한다.
그럴수록 피해자는 이러지도 저러지도 못하는
무기력감에 우울증이 생긴다.

외도 관련 상담을 해 보면 외도행위자가
상담을 의뢰하는 경우보다 피해자가 의뢰하는 경우가 많다.
그런 과정에서 피해자는 자신의 고통과 괴로움뿐만 아니라
행위자가 만들어 놓은 문제에 대한 해결사 역할을
담당해야 하는 이중삼중의 어려움을 겪는다.

반복적인 외도행위자를 어떻게 해야 할까?

이혼으로 끝내야 할까?

아니면 그냥 참고 살아야 할까?

이 문제는 행위자의 의지가 중요하고
피해자의 방향성이 중요하다.
외도행위자가 잘못을 인정하고 반성하며 변화의 의지가 있다면
피해자도 용기를 내어 부부관계를 회복해 볼 가치가 있다.
그러나 그런 것이 없다면
외도의 부적절성과 도덕과 윤리의식을 떠나서
냉정한 판단과 선택 그리고 결정을 해야 한다.
그냥 애원하고 협박하고 위협하는 방법으로는
외도를 극복하기 어렵다.
도덕과 윤리의식이라는 명분으로도 마찬가지다.

어찌 보면 외도는 심리장애의 한 범주일 수 있고
중독이나 조절의 문제일 수 있다.
특히 반복적인 외도는 이런 경향이 매우 높다.
그로 인한 부부의 스트레스뿐만 아니라
이런 사실을 자녀가 안다면
그 충격과 트라우마가
자녀의 인생 방향까지 바꾸어 놓을 수 있어서
매우 위험하다.

반복적인 배우자 외도는 간과해서도 묵인해서도
그냥 참고 넘어가서도 절대 안 된다.
외도행위자가 자신의 행위에 대해 심각성을 알든 모르든
피해자의 인격과 자존감 그리고 삶이 소중하기에
배우자의 반복적인 외도와 직면했다면
반드시 전문가와 상담해 보길 권한다. ✦

외도에 지불하는 비용

영철 씨와 상희 씨는 주변에 잉꼬부부라고
소문이 날 정도로 금실이 좋다.
두 사람은 성격이 원만하고 대인관계도 좋다.
맞벌이를 하다 보니 경제적인 부분도 별문제가 없다.
자녀도 잘 성장하고 학업 성취도 좋다.
자타가 인정하는 행복한 가정이다.
이 가정에 먹구름이 낀 사건이 발생했다.
배우자 외도다.
언제부턴가 영철 씨의 귀가 시간이 늦어지기 시작하더니
결국 휴대전화로 온 문자가 화근이 되어
영철 씨가 그동안 어떤 여성과 부적절한 관계,
즉 외도관계가 있었다는 것이 발각되고 말았다.
평소 감정조절을 잘하던 상희 씨는 이러한 사실을 인지하고
'설마 그럴 리가 ……'
하면서도 조심스럽게 문자를 근거로 남편에게 물어보았다.
남편은 의외로 쉽게 외도를 인정했다.

남편의 외도 상간자는 아내 상희 씨가 잘 아는 사람이었다.
외도 기간은 그리 길지 않았지만
정서적 외도를 넘어 성적 외도까지 이어진 것을 안 상희 씨는
인사불성이 되어 분노와 눈물로 일상을 보내고 있다.
당장은 남편이 외도했다는 것에
감정이 요동을 치지만, 다른 한편으로
행복하고 평온한 가정에서 배우자가 외도한 이유가 궁금했다.
외도행위자에게 이유를 물어봐도
자신도 잘 모르겠다는 말에
피해자는 답답함과 분노가 더 폭발한 상황이다.
무엇이 문제인지, 무엇이 원인인지 알아야
배우자를 이해하거나 예방할 수 있을 것 같은데
도무지 원인을 알 수 없으니 그저 답답할 따름이다.

배우자 외도는 모든 부부 사이에서 일어날 수 있다.
부부관계가 원만한 가정에서도 벌어질 수 있고
불안정한 가정에서도 일어날 수 있다.
아울러 배우자 외도는 다양한 원인으로 발생한다.
부부로 살아가는 동안 어느 부부에게나
배우자 외도가 벌어질 수 있다는 것을 염두에 두고
평소 부부의 삶에 대한 민감성과 함께
잘 관리하고 유지하는 법을 알고 있어야 한다.

배우자 외도로부터 자유로운 부부는 아무도 없다.
특히 현대사회는 부부관계 이외의 상황에서
호감을 가진 이성과의 만남이
오프라인과 온라인을 가리지 않고 쉽게 발생할 수 있는 구조다.
따라서 우발적인 외도가 벌어지기 쉽다.

개인적으로 블로그를 통해 배우자 외도 경험에 대한
조사를 해 본 적이 있다.
무기명으로 응답한 블로그 독자 중 60퍼센트가
배우자가 외도한 적이 있다고 답했다.
꽤 신빙성 있는 결과라고 생각한다.
상담 현장에 배우자 외도 관련 상담이 매우 흔하고
이혼 사유 중에서도 배우자 외도가 차지하는 비율이
높기 때문이다.

부부의 연을 맺을 때 이혼을 계획하는 사람은 없다.
당연히 배우자 외도를 미리 알고 있는 부부도 없다.
그런데 현실은 그렇게 녹록지 않다.
많은 유혹거리가 있고 배우자 외도에 대한 관념이나 가치관이
자유로워지는 경향이 높기에 언제든지 배우자 외도가
모든 부부에게 발생할 수 있다.

부부관계가 불안정하면 배우자 외도가
더 잘 발생할 수 있다고 생각할 수 있는데
꼭 그런 것은 아니다.
부부관계가 돈독하다고 해서 발생하지 않는 것도 아니다.
평소 부부관계가 어떠했느냐,
부부 사이에서 해결해야 할 욕구와 욕망을
어느 정도 해소하느냐 등 다양한 질문을 해 볼 수 있다.
배우자 외도는 수많은 변수와 요인이
복합적으로 작용해 발생하는 사건이기 때문에
단도직입적으로 말할 수 없다.

배우자 외도가 벌어졌다면 외도피해자는 물론이요,
외도행위자도 치료가 필요하다.
이를 간과하면 피해자는 우울증, 분노조절장애,
외상후스트레스장애, 공황장애, 수면장애, 섭식장애,
성격장애 등 다양한 증상이 발현될 수 있다.
행위자도 추가적인 외도가 발생할 수 있다.
이런 측면에서 배우자 외도는
그 자체의 부적절성을 떠나
외도 후 지불해야 할 비용이 너무나 크다. ✷

성격장애 부부의 문제

갈등이 심해서 하루에도 이혼이라는 말을
수차례 주고받는 부부가 용기를 내어 상담센터를 방문했다.
상담 과정에서 그들은 성격장애를 자주 드러냈다.

세상에 별의별 장애가 있다는 건 알지만
성격까지 장애가 있냐고 반문할 수 있다.
성격장애는 분명 존재하고 진단명도 있다.
다만, 성격과 자신이 동일체이기 때문에
성격에 장애가 있다는 것을 쉽게 인지하지 못한다.
인지해도 그것을 인정하고 싶어 하지 않는다.

성격장애를 가진 부부는 꽤 있다.
둘 다일 수도 있고, 한 사람만 성격장애인 경우도 많다.

이런 장애가 있으면 자신만 스트레스를 받는 게 아니라
가족도 스트레스를 받는다.

그 사람으로 인해 배우자 혹은 자녀도
성격장애의 양상을 보일 수 있다.

편집적 성격장애를 가진 부부는
배우자에 대한 의심이 일반인과 차원이 다르다.
배우자를 의심하는 것은 물론이요,
심한 경우 상담센터에서 음료조차 마시지 않는다.
강박적 성격장애를 가진 사람은
자신의 강박사고와 강박행동을
배우자나 자녀에게도 그대로 적용한다.
조금만 더러워도 참지 못하고 청소기를 들고
자신의 강박적 사고와 행동에 의한 스트레스를 줄이기 위해
배우자와 자녀를 통제하거나 억압하기도 한다.
자기애성 성격장애나 연극성 성격장애,
혹은 경계선 성격장애를 가진 사람도 자신뿐만 아니라
배우자와 자녀에게까지 엄청난 스트레스를 준다.
유감스럽게도 성격장애를 가진 당사자는
이를 잘 모르고 자신의 스타일대로 살아간다.

따라서 성격 차이 때문에 이혼한다는 부부의 경우
서로의 성격 차이로 인한 이해와 수용의 문제도 있지만
다른 면에서 성격장애 때문인 경우도 있다.

문제는 성격이라는 것이 오랜 시간 굳어지면서
형성된 것이기에 개인상담이나 부부상담을 받아도
쉽게 변화하지 않는다는 점이다.
상황에 따라 개인상담이나 부부상담에
성실하게 임하지 못해
변화의 시기와 기회를 잃어버리기도 한다.

아울러 성격장애자는
자신의 성격에 대한 타인의 관찰에 대해
부인이나 부정의 방어기제를 자주 사용한다.
그래서 타인의 눈에 보이는 것을
정작 자신은 인정하지 않는다.
그 탓에 자신과 가족의 스트레스가 합해져
삶의 질이 현격히 떨어진다.

심지어 자신의 성격장애적인 부분에 대해 언급하는
배우자나 자녀에게
공격적인 자세와 태도를 보이는 등
높은 저항감도 드러낸다.
당연히 부부관계는 심각할 정도로 불안정하다.

따라서 자신을 통찰하는 것도 중요하지만
주변인이 관찰한 것을 활용해
자신을 살펴볼 필요가 있다.

성격장애가 이혼의 사유가 될 수는 없으나
이혼자 중에는
성격장애를 가진 사람이 분명히 있다.

이혼 후 재혼을 하면
다시 자신의 성격장애 때문에
재혼가정의 생활도 불안정해지고
결국 재이혼으로 이어진다.

자신의 성격에 대해
둔감하거나 통찰을 회피하는 것은
위험하고 지혜롭지 못하다는 걸 깨달아야 한다. ✳

능동공격과 수동공격의 문제

사람에 대한 공격에는 능동공격과 수동공격이 있다.
능동공격은 일반적인 공격을 뜻한다.
누군가를 때리거나 공격하는 행위가 바로 능동공격이다.

그러면 수동공격은 무엇일까?
애매한 측면이 있지만, 예를 하나 들어 보겠다.

부부 중 한 사람은 잔소리가 많고
다른 한 사람은 말수가 거의 없다.
부부가 말다툼하면 누가 더 화를 낼까?
잔소리 많은 사람이다.

이유는 잔소리 많은 사람이 수동공격을 받았기 때문이다.
말수가 없어 공격도 없을 테니 당연하다고 생각할지 모른다.
그러나 잔소리하는 사람에게 침묵으로 대응하는 것은
'무시'라는 오해를 불러일으킬 수 있다.

그래서 잔소리하는 사람은
말수 없는 사람의 무시하는 듯한 태도에 흥분하고
이로 인해 더 화를 내게 된다.

이 경우 말수 없는 사람은
수동공격을 한 것이다.
다만, 자신이 상대방을 공격했다는 사실을
제대로 알지 못할 뿐이다.

수동공격자인 말수가 적은 사람이
잔소리하는 사람이 흥분하고 화내는 것을 보면
오히려 당황한다.
자신은 아무 말 안 했는데
상대방이 잔소리하고 화낸다고 생각하는 것이다.
이런 일이 잦아지면 말수 적은 사람은
잔소리하는 사람에 대해
'성격 참 이상하네!' 하면서
말수를 더 줄이게 된다.
이에 잔소리하는 사람은
더 화가 나 잔소리가 늘어난다.
그러면서 말수 적은 사람을
답답한 사람이나 꽉 막힌 사람이라고 여긴다.

능동공격보다 더 비효과적인 것이
수동공격이다.

능동공격은
겉으로 외현화되는 부분이 있어서
서로 빨리 인지하고 조심하지만

수동공격은
겉으로 드러나는 것이 거의 없어
정작 무엇 때문에 화가 나는지 모를 수 있다.

수동공격의 대표적인 대응이 침묵이다.

사실 침묵하는 사람도 속으로 답답하기는 마찬가지다.
그런데 침묵이 익숙하다 보니
정작 자신을 변호하거나 생각을 표현해야 할 때도
밖으로 표출하지 못한다.

무엇인가 표현한다는 것은
배움과 익힘의 학습이 필요하고 익숙해야 가능한데
표현보다는 침묵하는 것에 익숙하기 때문이다.

사람이란 존재는
말과 글로 표현해 주어도
상대방을 잘 이해하지 못할 수 있다.
하물며 침묵으로
긍정도 부정도 아닌 상태를 유지할 경우 상대방은
무시당하는 기분과 답답함으로
능동공격을 받은 것 못지않게
화가 날 수 있다.

침묵 등의 수동공격은
최대한 줄이는 것이 좋다.

의도적이든 비의도적이든
자신이 수동공격형이라는 것을 알았다면
지금부터라도
줄이도록 노력하자. ✳

삶에 필요한 네 가지 힘

개인적으로 비행기에 관심이 많다.
비행기가 날기 위해서는 네 가지 힘이 작용해야 한다.
위아래로 존재하는 중력과 양력,
그리고 앞뒤로 존재하는 추력과 항력이다.
비행기가 뜨기 위해서는 중력보다는 양력이,
항력보다는 추력이 필요하다.

부부의 삶도 비행기와 비슷하다.
살다 보면 이런저런 어려움이 다가온다.
즉 중력과 항력이 작용하는 경우다.
이 어려움을 극복하려면 양력과 추력이 필요하다.
비행기가 이륙하려면 엔진 출력을 높이고
활주로를 거침없이 달려야 한다. 그리고 V1 신호가 들리면
조종사는 두려움과 주저함 없이 조종간을 움직여서
비행기가 날아오르도록 해야 한다.
즉 양력과 추력의 영향이다.

이런 상식적인 삶의 매뉴얼을 간과하는 부부가 있다.

제 자리에 주저앉아
삶이 날아오르기만을 바라는 사람이 많다.

특히 변화해야 하는 부부의 경우
양력이나 추력보다 중력이나 항력이 강해서
그 자리에 주저앉아 무기력감을 맛보기도 한다.

부부상담에 나와서도 강한 항력을 보이는 사람이 있다.
이것을 상담에서는 저항이라고 한다.
변화에 대한 저항을 하는 것이다.
두려움 때문일 수도 있고,
변화 후의 미래에 대한
불확실성 때문일 수도 있다.

어찌 되었든 저항하다 보면
항력이 더 커지고,
이 항력을 이기기 위해서는
더 많은 추력이 필요한데
움직임이 없으니
추력은 생기지 않는다.

"비행기는 비행기고, 나는 나다!"
라는 분리적 사고가 틀린 것은 아니다.

그러나 물리적인 것이 삶에도 비유적으로
혹은 은유적으로 적용될 수 있기에
부부에게 어려움이 닥쳤을 때
과연 어떤 힘이 더 많이 작용하는지에 대해
벤치마킹을 해 볼 필요는 있다.

비행기는 추력을 얻기 위해 엔진 출력을 높여야 하지만
사람은 추력을 얻기 위해서 자존감을 높여야 한다.
자존감은 눈에 보이는 것이 아니어서
'나는 자존감이 높은데 ……'
하며 착시현상이 있을 수도 있고
스스로 자존감을 높이지 못할 수도 있다.
이 경우라면 전문가의 도움을 받는 것도 좋다.

이럴 때는 목표를 가지기를 권한다.
목표가 있다고 무조건 이룰 수 있는 것은 아니다.
그래도 구체적인 계획을 세우고 실천해 봐야 한다.
추력이 강할수록 항력도 강하다.
그러나 항력보다 추력이 강하면 무거운 비행기도 뜰 수 있다.

지금 삶의 무게는 어떠한가?

삶의 중력과 양력
그리고 추력과 항력은 가지고 있는가?

삶의 무게는 사람마다 다르지만
모두가 무겁다고 느낀다.

나이 들수록 더욱 그렇다.
결혼하면 더 느낀다.

네 가지 힘의 역학이
적절히 조합되어야 비행기가 이륙하듯
삶에도
다양한 힘의 역학이
적절히 조합되어야 한다. ✱

결혼에서 이혼으로 그리고 재혼

삶이 참 신비로운 것은
미래에 대해 예측이나 계획을 할 수 있을 뿐
실제로 알 수 없다는 것이다.

이혼과 재혼은 더 그렇다.
결혼하면서 이혼을 계획하는 사람은 없다.
그런데도 결혼 후 이런저런 이유로 이혼이 많은 걸 보면
아이러니할 뿐이다.

재혼도 신비롭기는 마찬가지다.
이혼 상담을 하면서 재혼 이야기를 꺼내면
대부분의 이혼자 혹은 이혼예정자가
재혼은 생각지도 않는다고 말한다.
그러나 얼마 지나지 않아 재혼했다는 소식이 들려온다.
그래서 이런 결론을 내렸다.

결혼하는 순간 언제든지 이혼할 수 있고
이혼하는 순간 언제든지 재혼할 수 있다.

이는 자신의 의지나 의도와는 무관하다.
욕망이라는 것은 예약할 수 없기 때문이다.
욕망이 꿈틀거리면, 머리로는 아니야 하고 외치면서도
마음은 이미 그곳에 가 있는 경우가 많다.
따라서 결혼이든 재혼이든
어떻게 살아갈지에 대한 통찰이 있어야 한다.

누구와 사느냐도 중요하지만
어떻게 사느냐도 중요하다.

안타깝게도 많은 사람이 누구와 사느냐에 더 관심이 많다.
새로운 파트너가 되는 사람이 가진 능력이나 조건에
더 관심을 쏟는다.
어떻게 사느냐 하는 중요한 문제는 관심사에서 멀어져 있다.

어떻게 사느냐 하는 것은
방법적인 문제일 수도 있지만, 철학적인 문제에 더 가깝다.

비행기가 목표지점을 향해 날아가듯이
사람은 의식적이든 무의식적이든
자신이 가진 철학의 목표점을 향해 날아간다.
어떤 삶의 철학을 가졌느냐는
그 사람의 정체성도 되지만
삶의 방향성을 제시해 주기도 한다.
적절한 삶의 철학을 가지고 사는 것은
좀 더 의미 있는 삶을 살아가는 방법이다.

결혼 후 이혼하게 될 수도 있다는 것을
아는 사람은
그로 인해 불안할 수도 있지만
결혼생활을
안정적으로 유지하려고 노력할 것이다.

이혼 후 재혼의 상황이 도래할 수도 있다고 생각하는 사람은
사전에 재혼생활에 대한 기대와 열망을
좀 더 체계적으로 조직할 수도 있다.

이런 것이 잘 작동되어야
초혼이든 재혼이든
안정감 있게 날아가는 비행기와 같은 삶이 된다.

마음으로만 잘 살겠다고 다짐하거나
더 이상의 실수와 실패는 없다고 외치는 것은
막연하고 불명료한 삶을
반복하는 것에 지나지 않는다.

주어진 삶을 잘 살려면
신비로움에 심취한 어른아이가 되어서는 안 된다.

하루하루 성숙해질 수 있도록 노력하면서
삶의 단계마다
주어진 과제를 잘 수행해야 한다.

그러기 위해서는
'누구와'도 좋지만

'어떻게'도
함께 챙겨야 할 것이다. ✤

치료보다 예방하는 시스템

삼십 대에 독일에서 유학생활을 했다.
그때 알게 된 교민 중에 남편과 사별하고
홀로 사는 분이 있다. 그분과 나눈 이야기다.

독일에서는 배우자 사별 후
심리상담 관련 보험금이 나온다고 한다.
이유는 사별 후 스트레스를 극복하기 위해서란다.
배우자와의 사별은 부부가 살아가면서 겪는 스트레스 중
가장 큰 스트레스라고 어떤 심리학자가 말했는데
이에 근거해 사별 스트레스로 인한
우울증이나 자살시도를 예방하기 위해
보험사에서 심리상담 관련 보험금을 준다는 것이다.
그 교민도 혜택을 받았다고 했다.
당시 사망보험금은 들어 봤어도 배우자 사별 후
심리상담을 위한 보험금이 나온다는 이야기는
처음 들어서 '참 신기하다!'는 생각이 들었다.

곰곰이 생각해 보면 상당히 일리 있는 제도다.
그렇다. 예방이 치료보다 더 효과적이다.
아니 더 경제적이다.
사람이 알고 못 하는 경우도 있지만
모르고 하는 경우도 많다.
특히 모르고 하는 일은 예방할 수 없다.
현재 지구별에서는 코로나 바이러스가 전 세계에 퍼져서
부랴부랴 백신을 개발하고 접종 중이다.
그러나 여전히 코로나를 정복하지 못했고
변이 바이러스까지 나온 상태다.
누구도 이러한 사태가 발생할 것이라고
예상하고 예방할 수 없었기에
더 많은 비용을 지불하면서 막아 내려 애쓰고 있다.

부부 사이에 발생할 수 있는 상황과
그 상황 속에서 생길 수 있는 상처와 아픔은 부지기수다.
경우의 수가 너무 많다.
'어쩔 수 없지!'라고 포기하며 살 수도 있지만
몇 가지라도 예방할 수 있다면
예방이 치료보다 더 효과적일 것이다.
불필요하게 에너지를 소진할 필요도 없고
부적절하게 상처와 아픔을 주고받을 필요도 없다.

남편이든 아내든 결혼생활이 처음이지만,
이미 축적된 지식과 지혜를 활용하고
다른 사례를 통한 깨달음으로
예방하고 치료하는 것이
그나마 차선책으로 바람직한 선택과 결정이다.

아무리 사랑으로 똘똘 뭉친 선남선녀도
부부가 되면
이런저런 삶의 과제와 직면하게 된다.
어떤 것은 일과 관련되어 있을 것이고
어떤 것은 정서적인 문제일 수도 있다.

이런 과제를 무사히 잘 해결하면 좋으련만,
그러지 못하면 그로 인한 고통과 괴로움
그리고 상처와 아픔으로
새로운 문제가 부상한다.

누구나 살아가면서 기쁨과 즐거움,
만족과 행복을 얻고 싶다는
욕망을 품는다.
고통과 괴로움을 원하는 사람은
없다. ✳

부부학을 수능과목으로

슬픈 소식을 접했다.
아동학대에 관한 뉴스다.
부모가 자녀를 방치해서 죽음으로 몰고 갔거나
자녀를 학대해서 몸과 마음에 상처를 주었다는
얘기가 계속해서 들려온다.

부부학이나 부모학이
수능과목이었다면 어땠을까?

선남선녀는 결혼하면 부부가 되고
자녀를 가지면 부모가 된다.
자연의 순리다.

법적으로 신고를 했느냐 아니냐의 문제보다
선행되는 사실이다.

그런데 부부로서 어느 정도 준비가 되었느냐,
부모가 될 준비가 어느 정도 되었느냐는
별개의 문제일 수 있다.
그러다 보니 부부 사이에도 문제가 발생하고
부모-자녀 사이에도 문제가 발생한다.
후자는 자녀가 문제를 만들어
부모를 괴롭히는 경우도 있지만
부모가 자녀를 제대로 양육하거나 훈육하지 못해
발생하는 문제도 많다.

특히 아동학대는
몸과 마음에 치유할 수 없는 상처와 아픔을 남기고
목숨마저 앗아갈 수 있는
안타깝고 슬픈 일이다.

학교에서 배우는 국어, 수학, 영어 등
주요 과목도 필요하지만 살아가는 데는
어쩌면 부부학이나 부모학 과목이
더 필요할 수도 있다.
건강한 부부와 행복한 부부가 무엇이며
이를 위해 무엇을 해야 하는지에 대해
배우고 익혀야 한다.

바람직한 부모와 존경받는 부모가 되는 법도
배우고 익혀야 한다.
자녀를 데리고 임상하듯
부모 역할을 하는 것은 위험하다.
부부가 실험하듯
평생을 살아가는 것도 마찬가지다.

원가족으로부터 자연스럽게 암묵적 지식이 전수되고
이것을 후대가 업그레이드하면서
더 건강한 부부와 행복한 부부가 늘어난다면
미래는 희망찰 것이다.

결국 부부와 관련된 모든 문제와 해답은
원가족에서 시작된다.
원가족이 건강하고 행복하면
거기에서 파생되는 핵가족도 건강하고 행복할 수 있다.

배우자 한 사람은 물론,
자신의 마음 한구석조차 이해하지 못하는
한계를 가진 사람의 양면성 앞에서
우리 모두 겸손해야 한다.

모르는 것은 배우고 익히고
알고 나면 행하고 실천할 때
더 나은 부부의 삶을 영위해 갈 수 있다.

부디 부부학이나 부모학이
수능과목이 되지 않기를.✴

부부로 살아가는 것

'잘되면 내 탓, 안되면 조상 탓'이라는 속담이 있다.
모든 사람이 가지고 있는 심리다.
부부도 역시 행복하고 건강하며 의미 있는 삶을 살면
내 탓이고, 그렇지 않으면 배우자 탓을 한다.
분명한 것은 상당수의 선택은 의식적이든 무의식적이든
'내'가 했다는 것이다.
어느 집안에서 태어났느냐와 같은 몇 가지를 제외하면
거의 모든 것은 자신의 선택에 의해 이루어졌다.
이를 부정하거나 부인한다면
선택에 따른 책임을 회피하려는 것이나 다름없다.

선택에는 책임이 동전의 양면처럼 존재한다.
지혜로운 선택을 했든 그러지 못했든 선택에는 책임이 따른다.
부부도 그렇다.
배우자가 멋져서 선택을 했든, 다른 어떤 이유로 선택했든
그 선택에는 '나'의 책임이 존재한다.

여기에는 어떤 책임이 뒤따를까?
부부의 삶을 행복하고 의미 있게 만드는 것이다.
어느 한 사람만 노력하고 헌신하며 희생해서는
이런 삶을 만들기가 불가능하다.
함께 노력해야 한다.
이런 부부는 행복할 뿐 아니라 성숙한 모습을 갖추게 된다.
그리고 부부의 삶을 살아가는 것은
성숙을 향해 가는 삶과 맥락을 같이한다.
배우자에게 의존해 행복을 얻고자 한다면
관점을 바꿀 필요가 있다.

현재 부부 사이에 어려움을 겪고 있고
이에 대한 문제가 배우자에게 있다고 생각한다면
혹시 스스로 극복하거나 해결해야 할 부분,
회복해야 할 부분 그리고 변화해야 할 부분은 없는지
통찰해 보아야 한다.
자신의 선택에 대해 의미를 철회하거나 회피하는 식으로
책임을 부정하지는 않는지 돌아보아야 한다.
그 과정에서 배우자를 희생양으로 삼거나 자기합리화를 하거나
자신의 생각과 감정을 상대방에게 투사하는 식으로
삶의 질을 떨어뜨리거나 적절한 삶의 방향에
방해와 장애를 주고 있지는 않은지도 살펴봐야 한다.

부부 사이의 모든 선택에는 '나'가 개입되어 있다.
따라서 이 선택에는 이득과 손실이 있을 수 있다.
어떤 것은 이해하고 어떤 것은 수용하며
어떤 것은 양보하고, 어쩔 수 없이 감내해야 하는 것이 있다.
이런 것을 자신이 선택하고
거기에 따른 긍정적 혹은 부정적 피드백에 대해 책임지고
이런 책임의식으로 문제해결과 과제해결을 할 수 있다면
부부는 행복을 향해, 성숙을 향해 달려갈 수 있다.

지금의 배우자를 선택한 것은 '나'다.

부모도 아니고 친구도 아니다.
혹 그들이 적극 밀어붙여서 선택했다고 해도
그 선택의 주체는 바로 '나'다.

부부 사이에 어려움이 닥쳤다고 해서
자신의 선택을 부정하고 부인하는 방어기제는 버리자.
오히려 이 어려움을 극복하고 해결함으로써
더 건강한 부부가 되고 더 성숙한 부부가 되어
더 나은 행복과 삶의 의미를 찾아간다면
과정은 힘들었더라도
가치가 있는 지혜로운 삶이 될 수 있다. ✱

작가의 말

결혼한 지 이십칠 년, 부부상담 한 지 십 년. 부부에 관한 책을 쓰고 싶었다. 우리 부부의 삶을 되돌아보고, 그동안 진행한 부부상담도 반추하면서 말이다.

뒤돌아보면, 결혼생활에 대해 잘 알지도 못한 채로 주변에서 친구들이 결혼한다고 하니 얼떨결에 한 것 같다. 그리고 결혼 후에는 '사랑이니, 용기니 ……' 하며 결혼생활에 관해 내 멋대로 해석했고 제대로 알려 하지도 않았던 것 같다. 다행히 우리 부부는 크게 다투고 싸운 적은 없지만 '이런 것을 조금만 일찍 알았다면 더 좋았을 것' 하는 생각은 자주 있었다.

부부상담사로 활동하면서 '부부가 무엇인가?', '결혼이 무엇인가?', '부부의 삶이 무엇인가?', '결혼생활이 무엇인가?' 등을 조금은 알게 되었고, 우리 부부의 모습과 다른 부부의 모습을 보면서 하루하루 배워 나갔다. 그리고 지금 그 시간이 쌓이고 쌓여서, 책으로 펴내게 되어 너무나 기쁘다.

동양에서 부부는 천생연분이라고 한다. 하늘이 맺어 준 인연이라는 뜻이다. 그런데 부부 사이에 갈등이 생기면 하늘이 맺어준 인연은 철천지원수가 된다. 서양에서 부부는 소울메이트라고 한다. 직역하면 영혼의 동료이자 서로 깊은 영적 교감을 나누는 사이를 말한다. 기숙사 룸메이트만 되어도 서로의 마음을 열고, 서로 볼 것 못 볼 것까지 보듬어 주는데 하물며 소울메이트는 오죽하겠는가. 그런데 그들 사이에 갈등이 생기면 악마가 따로 없을 정도의 관계로 변한다.

왜 이런 상황이 벌어지는 것일까? 행복하게 만났고 행복을 위해 만났는데, 어떤 부부는 행복하게 살고 어떤 부부는 불행하게 살까? 그리고 파국을 맞이할까? 과연 슬기로운 결혼생활이 존재하기는 한 것일까? 왜 결혼이란 환상은, 부부라는 현실 앞에서 사라지는 것일까? 궁금한 것이 너무나 많았다. 그것이 알고 싶었다.

부부는 중요한 인연이자 관계이며, 존재이자 체계다. 그리고 아름다운 만남의 결정체다. 선남선녀가 부부로서 인연을 맺는 것은 기적 중의 기적이자 축복 중의 축복이다. 부부가 건강하면 그 안에서 태어나고 자라는 자녀도 건강하게 마련이다. 신체적 건강뿐만 아니라 심리적, 정서적, 관계적, 심지어 영적으로도 건강하다. 따라서 부부는 소중하고 부부관계는 중요하며 부부의 삶은 더 중요하다.

그런데 아쉽게도 소중하고 중요한 부부와 부부관계 그리고 부부의 삶에 대해 누구도 가르쳐 주지 않는다. 부모 옆에서 어깨너머 배운 것으로 부부가 되어 관계를 이어 가고, 앞선 세대의 모습을 흉내 내거나 모방하며 살아간다.

그 과정에서 행복과 만족도 얻지만, 실수와 좌절도 한다. 미숙해서 벌어지는 실수는 서로의 마음에 생채기를 내기도 한다. 위태롭고 불안정하며 괴롭고 쓸쓸한 삶이 이어진다. 부부의 정서는 메마르고 서로에 대한 기대와 사랑은 사그라진다. 단조로운 삶으로, 무늬뿐인 부부로 살아간다. 자녀만 바라보고 살거나 졸혼 부부처럼 산다. 혹은 이혼을 선택하고 새로운 도전을 위한 재혼을 하지만, 삶의 변화는 없고 재미도 없다.

부부들을 살펴보면 호랑이 같은 부부와 곰 같은 부부가 있다. 위기와 갈등 앞에서 불같이 화내고 관계를 정리하는 부부가 있는 반면에, 참고 억압하며 살다 화병, 우울증에 걸리는 부부도 있다. '어! 이게 아니었는데 ……'라고 하며 살다 보니 어떤 부부는 호랑이같이, 어떤 부부는 곰같이 된다. 그런데 두 부부 모두 불행하다고 불만족스럽다고 한다.

그럼 이 세상에 행복한 부부는 없는 것일까? 왜 없겠는가. 있다. 그런데 옵션이 필요하다. 결혼생활에 대해 알아야 한다는 것이다. 특히 슬기로운 결혼생활을 위해서는 지식도 필요하고 지혜도 필요하다. 지혜는 성공을 통해서도 얻지만, 실패를 통해서도 얻는다. 또 성취를 통해서도 얻지만, 좌절을 통해서도 얻는다. 즉 결혼생활의 모든 것을 통해 지식과 지혜를 얻을 수 있다. 다만, 부부가 결혼생활에 대해 배우고 익히며 깨닫는 것에 능동적이냐 아니냐에 따라 부부가 좀 더 행복한 길로 갈 수 있느냐 없느냐가 판가름날 뿐이다.

모든 부부는 십인십색처럼 비슷하면서도 다르다. 여기에서는 부부들이 공통으로 겪을 수 있는 상황들을 정리했다. 부모로서의 역할이나 가족이라는 큰 체계에 관해서는 언급 하지 않았다. 이 책을 통해 부부가 지금보다 행복하고 만족한 삶을 살고 성숙해질 수 있기를 바랄 뿐이다.

끝으로 이 책이 세상에 나오기까지 물심양면으로 수고해 주신 도서출판 마음책방의 박지원 대표와 부족한 글이 독자들에게 잘 전달될 수 있도록 보기 편한 편집과 예쁜 디자인을 해 주신 관계자분께 감사드린다.

공진수

부부상담사가 말하는 슬기로운 결혼생활
결혼은 환상이고 부부는 현실이다

초판 1쇄 인쇄 2021년 11월 5일
초판 1쇄 발행 2021년 11월 10일

지은이 공진수
펴낸이 박지원
펴낸곳 도서출판 마음책방

출판등록 2018년 9월 3일 제2019-000031호
주 소 서울시 강서구 공항대로 209, 704호(마곡동, 지엠지엘스타)
대표전화 02-6951-2927
대표팩스 0303-3445-3356
이메일 maeumbooks@naver.com

ISBN 979-11-90888-17-2 13590

저작권자 ⓒ 공진수, 2021

- 책값은 뒤표지에 있습니다. 잘못된 책은 구입하신 곳에서 바꿔드립니다.
- 이 책의 내용은 저작권법의 보호를 받는 저작물이므로 무단 전재와
  무단 복제를 금합니다.

- 도서출판 마음책방은 심리와 상담 책으로 지친 마음을 위로하고,
  발달장애 책으로 어린 아이들의 건강한 성장을 돕습니다.